小田切陽一

昭和30〜40年代生まれはなぜ自殺に向かうのか

講談社+α《プラスアルファ》新書

はじめに——自殺の流行期と死に急ぐ世代とは

わが国の自殺者数は一九九八年に急増し、その後も年間三万人を超す勢いを保ったままです。そして二〇一〇年までの一三年間に失われた尊い命は、ついに四二万人を超えました。

こうした深刻な状況に対処するため、二〇〇六年には自殺対策基本法が制定され、国家レベルでの自殺対策が進められています。このように自殺を個人の問題としてとらえるだけでなく、社会的課題として位置づけ、その対策を行う姿勢が示されたことはとても大きな意味を持ちます。それによって、かつてはタブー視すらされてきた自殺に対して、社会の関心が高まりを見せているからです。

しかしながら、自殺は一向に減少する気配がありません。では、私たちの社会でいったい何が起きているのでしょうか？　人々を自殺へと追い込んでいく原因は何なのでしょうか？個人として、また社会として取ることのできる対策は何でしょうか？

うつ病対策による自殺予防など、精神医学の観点から自殺対策が論じられることはよくあります。しかし、自殺を「社会現象」としてとらえた場合には、社会集団を構成している私たち人間と、それを取り囲むさまざまな要因との関係から、原因を追究して対策を講じていく必要があります。

自殺リスクを背負った人々、すなわち自殺に傾いている人々の特徴とは、心身の病気や経済的問題といった、個人に帰属する要因を抱えているものだと思われがちです。しかし、自殺リスクを集団の特性として考えた場合には、自殺リスクの高い年齢層があったり、時代的に自殺率が高まる、いわば「流行期」があったり、さらには死に急ぐ世代が存在したりもします。

近年の自殺について、その原因や動機について探っていくと、長引く景気の低迷や失業などといった経済状況の悪化が、とくに中年期の男性を中心に重くのしかかっていることは明らかです。しかしながら、このほかにも、高齢化が進む地方では、増え続ける独居高齢者の孤立化や孤独化を背景とした自殺も大きな問題となっており、十数年後に、わが国全体が抱える問題が、そこに先行して存在していると考えられます。

本書では、そうしたさまざまな集団の特性という角度から、私たちの社会で起こっている自殺という社会事象を眺め、また私たちを取り巻くさまざまな要因との関連など、科学的な分析を通じて見えてくるわが国の自殺の実態について紹介したいと思います。

自殺の実態を読み解く重要なキーワードの一つが「世代」です。

一九九五年から二〇〇九年までの、年齢階級ごとの自殺率の変化を見てみると、一九九八年に始まる戦後最大の「自殺の流行期」に突入して二年後の二〇〇〇年と、直近の二〇〇九年での、同じ年齢層における自殺率の変化に注目すべき点がありました。

この一〇年間に、昭和一〇年代生まれの人たちから昭和二〇年代生まれへ、また昭和二〇年代生まれから昭和三〇年代生まれへと世代替わりをした、五〇歳代以上の中高年の年齢層の自殺率は低下していました。それに対して、三〇歳代と四〇歳代では、明らかに自殺率は上昇しており、この年齢を構成する昭和三〇年代から四〇年代生まれの、より若年層での自殺率の上昇傾向を見て取ることができたのです。

また、この年齢別の自殺率の変化を男女別に見ると、とくに男性の若年層で、自殺リスクの増大傾向が顕著に現れていました。

このように「生まれ世代」（どの年代に生まれているか）に着目すると、過去一〇年のあいだに、自殺リスクが高まっている世代が中高年から若年世代へとシフトしていることが明らかです。

本書は、この昭和三〇年代以降に生まれた世代の自殺リスクが上昇している現状を、わが国の抱える自殺の重要な課題ととらえて、タイトルを『昭和30〜40年代生まれはなぜ自殺に向かうのか』としました。本書のなかでは世代分析を通して、これらの、より若年世代への対策の重要性について強調していきたいと考えています。

自殺の予防対策を進めていくうえで、日本が遅れていることの一つは、自殺の実態を解明することです。自殺に追い込まれていくハイリスクな人たちの実態を把握できれば、実効性のある対策に結びつけることが期待できます。

こうしたハイリスク者は、経済・生活苦であるとか、うつ病であるとか、とかく個人の特性が引き金となって自殺したように語られがちです。しかし、自殺と関連する危機要因は、一般に複数の要因が連鎖しており、それらが最終的に自殺に結びついていることも明らかにされています。

つまり個人だけでなく、集団を分析対象とすることで、年齢や時代、さらには世代といった面からも、自殺リスクの高い集団の特性を明らかにすることができるのです。

また、都市部と地方など異なる集団では、自殺の実態にも違いが見られます。自殺を地域の保健課題と位置づけて、その対策を考えていく場合、地域単位での自殺の特徴について、背景要因との関連でもっと綿密に解き明かしていくことも必要です。

本書では、自殺者が急増した一九九八年以降、現在も続いている戦後最大の「第三自殺流行期」の動向を中心に見ていきます。集団として把握される自殺の状況について、私たちの研究グループで実施した分析の結果も織り交ぜながら、自殺の隠れた実態について迫ってみたいと思います。

目次◉昭和30～40年代生まれはなぜ自殺に向かうのか

はじめに――自殺の流行期と死に急ぐ世代とは　3

第一章　五〇人に一人が自殺する日本

二つの統計から見る自殺の実態　16
誰もが遭遇しうる身近な死　18
「死のリスク」は計算できるか　20
交通事故死より自殺は多い？　23
死に至った人は氷山の一角　25
自殺がもたらす社会的損失とは　28
損失寿命が表す自殺の現状　32
加速する若年層での自殺　36
世界的視野で見た日本の自殺率　40
日本の文化が自殺に与える影響　42

第二章　自殺の流行とその背景

自殺は本当に流行するのか　46
流行の引き金となる身近な要因　48
自殺手段にも流行がある？　50
死を招くネット社会の闇　53
流行と社会背景との関係　55
戦後最大の自殺大流行期の到来　59

人を死に向かわせるものの正体　64

第三章　データが明かす自殺しやすい世代

さまざまな変化を考慮する必要性　68
生まれ世代で共通する影響とは　70
世代影響を解き明かすＡＰＣ分析　72
自殺しやすい年齢・時代・世代　74
第一・第二流行期の動向とは　76
自殺願望が二度芽生える？　80
二一世紀の自殺主役世代は　83
急上昇する昭和三〇年以降生まれ　86
男性の陰に隠れた女性の自殺動向　88
ロストジェネレーションと自殺　91
若者が希望を持てる社会の実現を　92

第四章　自殺の地域差

自殺が多発する地域はあるのか　98
詳細な年齢調整死亡率で比べると　100
地域特性を知ることが防止に　103
派遣労働者の多い地域では　106
日照時間が短いと自殺が増える？　107
山梨県は日本一の自殺県か　110

都会型と田舎型の違いとは　113
大都市と地方で異なる傾向　116

第五章　男はなぜ女よりも自殺するのか

圧倒的に多い男性の自殺者　120
完遂する男と未遂で終わる女　122
女性が発するヘルプサイン　124
うつ病と性差に関係はあるのか　126
なぜ男女比が年齢で異なるのか　128
地域との結びつきが弱い男性は　133
自立した生活と自殺の関係　136
中年男性は社会的孤立の果てに　138

第六章　国・地域・個人の自殺予防対策

遺書が残されているケースは三割　142
複雑に絡み合う原因と動機　144
がん予防の発想で自殺を防ぐ　147
欧米に「KAROSHI」はあるか　149
国を動かした市民のパワー　151
自殺対策基本法で何が変わったか　153
国家が取り組む自殺対策の柱　155
中小企業の労働者が陥りやすい穴　159
自死遺族へのグリーフケアの実態　163
個々の自殺の情報公開は進むのか　166

青木ヶ原樹海の水際作戦とは　168
樹海内での自殺者を減らした方法　170
高齢者を支える「無尽」とは　172
健康寿命日本一の裏に潜むもの　174
おわりに――地域住民が中心となった自殺予防対策を　178
主要参考文献　184

第一章　五〇人に一人が自殺する日本

二つの統計から見る自殺の実態

わが国の自殺者数について把握できる統計には、厚生労働省による「人口動態統計」と、警察庁による「自殺の概要資料」の二つがあります。

警察庁の統計は、生活安全の確保に関する統計として、毎年公表されているものです。この資料によれば、二〇一〇年中におけるわが国の自殺者の総数は、三万一六九〇人で、内訳は男性が二万二二八三人、女性が九四〇七人となっています。一方、人口動態統計では、二〇一〇年の概数として、自殺者数は二万九五二四人、うち男性が二万一〇〇八人、女性が八五一六人と報告されています。

二つの統計の値《あたい》が異なっているのは、人口動態統計が日本における日本人の自殺だけを対象としているのに対して、警察庁の統計では外国人も含んでいるからです。

また、警察庁の統計では、死体発見時以後の調査などによって自殺と判明した場合、その時点で自殺として計上しています。

一方、人口動態統計では、自殺と他殺、あるいは事故死との区別ができずに不明のときは、自殺以外として処理されます。また、死亡診断書の訂正報告がない場合は、自殺に計上されていません。

人口動態統計のなかの死亡統計は、国や地域の医療上の問題点、保健課題などについて明らかにし、対策を講じていくうえで基本となる重要な資料です。しかしながら、病気や事故といったほかの死因と比べ、自殺には死因の特定が困難なケースが多分に含まれており、このような統計上の数値だけを見て、それがそのまま実態だと考えるには限界があります。したがって、自殺統計の持つ精度の限界を知ってもらったうえで、話を進めていくことにします。

自殺についての分析には、個別のケースを追究して、その原因を明らかにしていく方法もあります。ですが本書では、主として疫学《えきがく》の立場から分析し、論じていくことから、個人ではなく集団を単位として、そのなかで起きている自殺という現象を分析の対象として考えます。

疫学とは、自殺や病気のように、人間集団のなかで起こる健康と関連した事象（出来事）を分析して、その原因を究明し、対策を講じていくための基礎となる学問です。疫学はその名前からも分かるように、そもそもは疫病の原因追究から生まれたもの。ですが現代では、生活習慣病のような非感染性の疾患や事故、自殺といった幅広い健康事象の実態把握や原因追究の学問として、大切なものとなっています。

誰もが遭遇しうる身近な死

まずここでは、人口動態統計の数値を基に、わが国の近年の自殺動向について見てみましょう。

〈図表1〉は、バブル経済が終焉《しゅうえん》を迎えた一九九一年以降の、自殺者数の推移を表しています。年間の自殺者数が戦後初めて三万人台に到達し、大きなニュースとなったのは一九九八年のこと。この年、自殺者数は三万一七五五人を記録し、人口一〇万人当たりの自殺者数で表した「自殺死亡率」も、前年の一八・八から二五・四へと急上昇を示しました。

そして一九九八年以降、一三年間にわたって、年間におおよそ三万人が自殺する深刻な状況が続いています。二〇一一年の一月から六月までの自殺者数も一万五八八五人（警察庁統計速報値）で、またしても年三万人を超えるペースで自殺者数が推移しており、相変わらず深刻な状況にあることが分かります。

自殺者数が急増した一九九八年以降、二〇一〇年までの一三年間に自殺で亡くなった人の総数は、四二万人を上回ります（警察庁発表）。この数は、富山県富山市や岐阜県岐阜市、香川県高松市といった地方の中核都市の人口規模にも相当します。いかに多くの命が自殺によって失われているのかを、感じることができるでしょう。

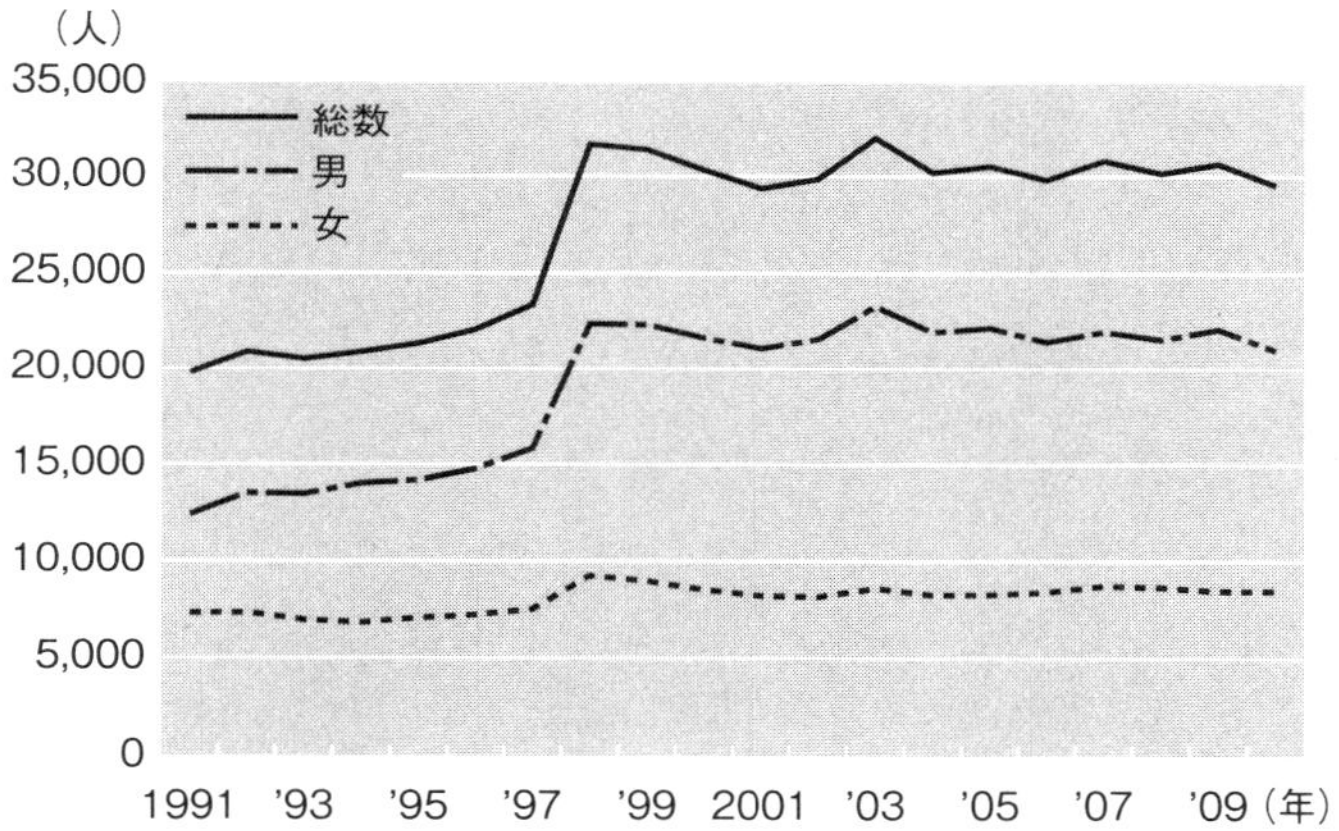

図表1　バブル経済崩壊後の自殺者数の推移
※出典：厚生労働省「人口動態統計」

　また、人口動態統計からは、自殺だけでなく疾病《しっぺい》や事故など、その他の死因による死亡数のデータについても知ることができます。

　二〇一〇年の日本人の死亡原因の第一位は、悪性新生物（がん）で、それによって約三五万人の命が失われています。以下、心疾患が約一九万人、脳血管疾患が約一二万人、肺炎も約一二万人、老衰が約四万五〇〇〇人、不慮の事故が約四万人と続き、自殺の約三万人は死因順位としては第七位です。男女別の死因順位で見ても、男性で第六位、女性で第八位となっています。

　このように数値を通して自殺の現状を見ていくと、「私はまったく自殺とは無縁の生活を送っているから大丈夫」と安心ばかりはしていられないことが分かります。自殺は病気や事故と同じように、意外と身近な死因の一つなのです。

加えて一人の自殺者の周辺には、配偶者や子などの遺族や親族、友人や恋人、職場の同僚など、大きな悲しみに遭遇する人たちが大勢います。奈良女子大学の清水新二《しみずしんじ》名誉教授は、五〇〜六四歳の、一般地域住民の中高年男女を対象とした調査から、身近な人の自殺を経験している人が四人に一人の割合でいることを明らかにしています。このことは、私たちの誰もが、日常的に自殺と遭遇しうる環境に身を置いていることを物語っています。

「死のリスク」は計算できるか

私たちには、がんや心臓病などの病気にかかる可能性があれば、通勤途中で交通事故に巻き込まれる可能性もあります。また地震大国の日本では、東日本大震災のように予期せぬ自然災害に見舞われる可能性も高い。風水害にも見舞われます。

このように、私たちは人生のなかで起こる多様な出来事（ライフイベント）によって、命を落としてしまう危険と隣り合わせに、日々の生活を送っているのです。

日常生活において遭遇する危険について、科学的に考える場合に、「リスク」という概念が使われます。リスクはさまざまな定義がされますが、「ある有害な原因（障害）によって損失をともなう危険な状態が発生するとき、［損失］×［その損失の発生する確率］の総和を指す」と定義できるものです。

つまり、私たちが病気にかかるなどの損失を受ける可能性を、リスクとして確率的に表現することができるわけです。それにより、リスクの大きさを評価する、また社会的に許容できる水準はどの程度かを議論するといったことが可能になります。そしてリスクを適切に管理すれば、損失を被《こうむ》らないよう予防に役立てることもできるわけです。

一人の人間が、その一生のあいだに、あるライフイベントに遭遇するリスク（たとえば大腸がんにかかるリスク）、あるいは、そのライフイベントに起因して生命を落としてしまうリスク（大腸がんで死亡するリスク）について、確率的に表現したものを、「生涯リスク」と呼びます。

人間は、一人ひとりの寿命の違いこそあれ、いつかは必ず何らかのライフイベントによって死を迎えることになります。そのため、すべてのライフイベントのリスクを合算した死亡の生涯リスクは、一〇〇パーセントです。

よもや、わが身に降りかかることはないと、他人事《ひとごと》のように思えるライフイベントであっても、生涯リスクを計算してみると意外と大きな確率になりかねません。そして、自分にも起こるかもしれない身近なライフイベントであるという事実に、驚かされることさえあります。

たとえば現在の日本では、年間におおよそ一二〇〇人の人々が住宅火災によって死亡し、また約二〇人がハチに刺されて死亡しています。これらのライフイベントについて、実際に生涯リスクを計算してみましょう。

ここでは計算を簡単にするために、日本の人口を一億人、日本人の寿命を一〇〇年とします。住宅火災によって死亡する生涯リスクの確率（p）は、年間の死亡リスクと寿命の積で表すことができるので、p＝一二〇〇／一億×一〇〇＝〇・〇〇一二（〇・一二パーセント）となります。また、ハチに刺されて死亡する生涯リスクは、〇・〇〇〇〇二（〇・〇〇二パーセント）です。

別の言い方をすれば、一生涯のうちに、約八〇〇人に一人が住宅火災の犠牲となって死亡し、五万人に一人はハチに刺されて亡くなっている勘定になるのです。

もちろん、これらの生涯リスクは、私たち日本人が一様に等しくリスクをシェアしていると仮定した場合の値です。現実には、高齢者は逃げ遅れるなどして住宅火災による死亡リスクは高く、若い人たちとは異なるリスクを抱えています。また、ハチに刺されても、死に結びつきやすいアナフィラキシー（過敏性アレルギー反応）を起こす体質の人と、そうでない人がいます。

そのため、一人ひとりの生涯リスクはどうしても異なりますが、通常はこのように集団を単位として算出された確率としてリスクが表現されます。

交通事故死より自殺は多い？

自殺の生涯リスクについて算出を行う前に、自殺よりは身近と思える、交通事故による死亡の生涯リスクについて考えてみましょう。

交通事故による死亡数（死者数）は、警察庁の統計から知ることができます。それによると、二〇一〇年中の交通事故死者数は、四八六三人となっています。しかし、この統計値は、事故の発生から二四時間以内の死者数に限定して集計されたものでしかありません。つまり、いくら交通事故が原因で亡くなったとしても、それが事故から丸一日以上経過していれば、交通事故死としては計上されないのです。

すなわち、この統計では交通事故に起因したすべての死亡をとらえることはできません。ですから、ここではもう少し現実味のある数値として、あわせて報告されている「三〇日以内死者数」の五七四五人を基にして、生涯リスクを算出してみることにしましょう。

日本の人口を一億二七〇〇万人とすると、一人が一年間に交通事故死する確率（p）はp＝五七四五／一億二七〇〇万と表すことができます。これを計算すると、人口一〇万人当たり約四・五人が、一年間に交通事故死していることが導き出されます。

さらに、日本人の寿命を八〇年として生涯リスクを算出すると、約二七六人に一人が交通事故によって死亡する計算になるのです。意外なリスクの高さに驚かれた方もいるのではないでしょうか。

さて、いよいよ本題です。自殺の生涯リスクについて計算してみましょう。

厚生労働省が二〇一一年六月に公表した「人口動態統計月報年計（概数）」によれば、二〇一〇年の年間の自殺者数は二万九五二四人です。人口を一億二八〇五万人（総務省による人口推計、二〇一〇年一〇月一日時点）、生涯期間を平均寿命に近い八〇年として算出してみましょう。

すると、おおよそ五〇人に一人が生涯のうちに自殺することが分かりました。つまり私たちは、交通事故死の五倍以上の自殺リスクを背負って生活していることになるのです。

ただし、この値は、あくまでも「現在の自殺状況が一生涯にわたって継続する」という仮定のうえでの話です。後述しますが、自殺者数は多い年もあれば少ない年もあり、また高い自殺率が一定期間続く、いわば流行期といった様相を呈《てい》する場合もあります。

五〇人に一人というショッキングな数値が示す自殺の生涯リスクは、自殺者数が戦後最大となった時期の真《ま》っ只中《ただなか》での試算にすぎません。いわば最大瞬間風速を基に算出した値です。このような嵐の状態が八〇年間も続くとはとても思えませんが、現に、年間の自殺者数が三万人を超える状況が一三年も継続してきたことを考えると、あながち非現実的な話とも言い切れないのです。

死に至った人は氷山の一角

厚労省や警察庁から発表されている年間の自殺者数は、あくまでも自殺によって死に至った、つまり自殺を企図《きと》して完遂《かんすい》した人の数です。当然のことですが、この数のなかには、自殺を試みたものの死には至らなかったケース、つまり自殺未遂者は含まれていません。

自殺未遂者のうち、どのくらいの人が完遂を意図して自殺を行ったのかは、実のところ不明です。それは自殺未遂者に関して、多くの事例を集めた研究がほとんどないからです。しかし、東海大学の保坂隆《ほさかたかし》教授らは、救命救急センターに搬送された一七二五人の自殺企図者を調査して、既遂《きすい》者が二〇九人（約一二・一パーセント）であったことを報告しています。

逆にいえば、残りの一五一六人が自殺未遂者です。この数値からも推察されるように、自殺企図者のなかには、多くの未遂者が存在しているのです。

実際のところ、未遂者のなかには救助が早かったために助かった人が含まれていますし、ナイフなどで自分の体を傷つける自損（自傷）行為と、自殺未遂とを区別することもなかなか難しいため、本当の自殺未遂者がどのくらいいるのか把握することは困難なのです。

たとえば、消防庁が発表している救急・救助に関する統計によれば、二〇〇九年の「自損行為」による搬送人数は五万二六三〇人にも上っています。自殺による死亡が急増した一九九八年以降になって、搬送件数、搬送人員ともに、自殺者数と比例するように増加していることが明らかです〈〈図表2〉参照〉。

このことは、少なからず自損（自傷）行為により救急搬送される人たちのなかに、かなりの自殺予備軍が潜んでいることを意味しています。

また、おそらくは遺族などからの聞き取りや過去の搬送歴、病院の受診歴などを通して得られた情報を基に分析したのだと思いますが、内閣府が警察庁のデータを使用して、自殺者の過去の未遂歴についてまとめた結果があります。それによれば、男性の一三・三パーセント、女性の二九・五パーセントに、自殺未遂歴があることが判明しています。

自殺未遂者は男性よりも女性に多いという特徴がありますが、とくに三〇歳代以下の女性では、未遂歴が四〇パーセントを超えていたという結果が出ています。自殺未遂者のなかに、再度の自殺を企図する人たちがかなりいると見て間違いないでしょう。

一般的には、自殺既遂者の約一〇倍の未遂者がいるといわれています。したがって、自殺未遂を含めた自殺企図の生涯リスクを考えれば、五人に一人は生涯に一度は自殺を試みるという計算になります。

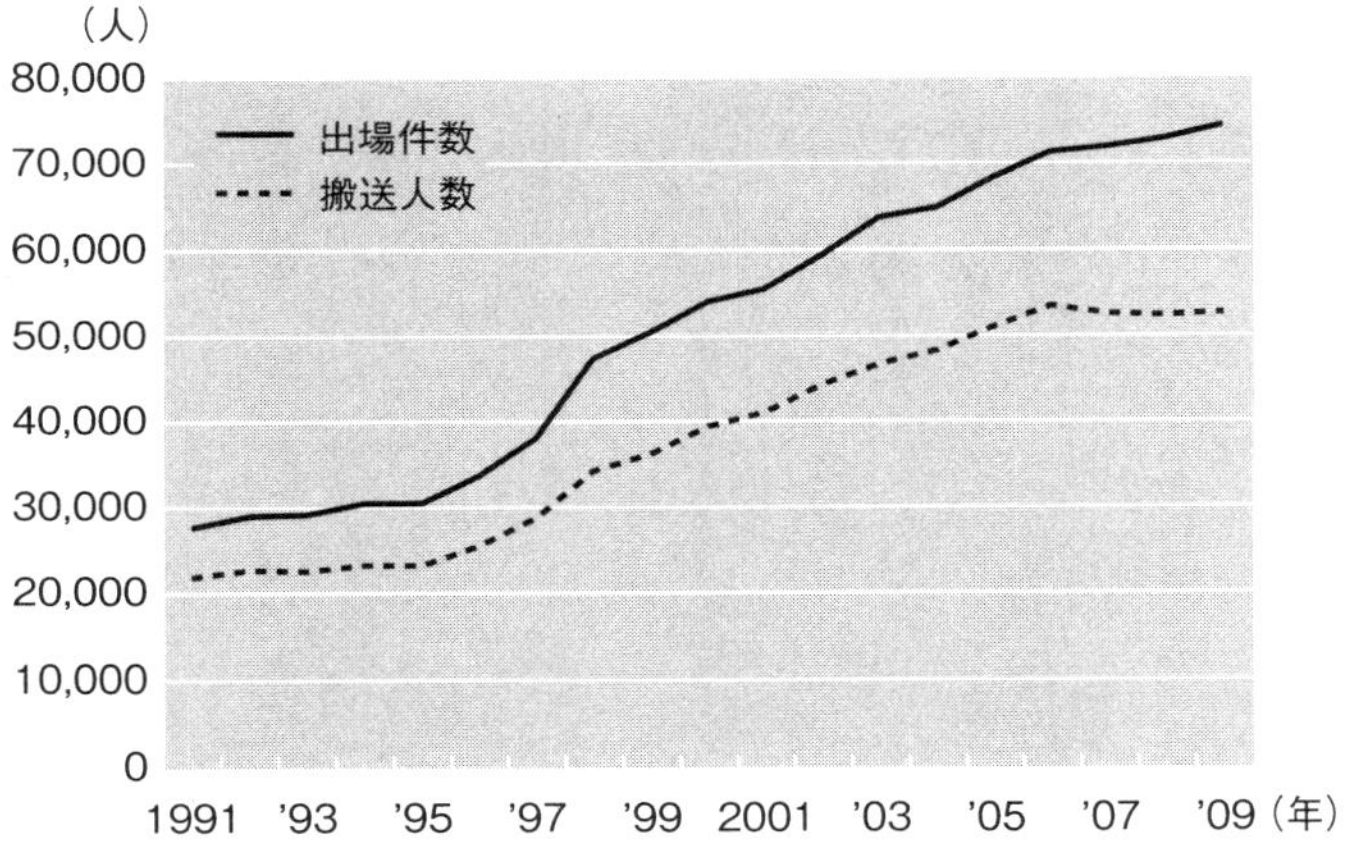

図表2　自損行為による救急出場件数および搬送人数
※出典：内閣府「平成23年版 自殺対策白書」

このように、生涯リスクの視点から眺めてみると、自殺へと導く魔の手は意外と身近なところにあるのです。普段は自殺を他人事のように感じている人が多いでしょうから、この数字は大変ショッキングなのではないでしょうか。

さらには、自殺を企図するまでには至らないものの、「死にたい」「自殺したい」と本気で考えたことのある人を「自殺念慮《ねんりょ》者」と呼びます。こうした自殺念慮者は、企図者よりもさらに大勢いることを、数多くの調査が明らかにしています。

たとえば、内閣府の自殺対策推進室が二〇〇八年に実施した、「自殺対策に関する意識調査」の結果では、「今までに本気で自殺したいと思ったことがあるか?」との問いに、

「思ったことがある」と回答した人の割合は一九・一パーセントでした。女性だけを取り上げると、自殺念慮者は二一・九パーセントに上り、また年齢別では二〇歳代と三〇歳代が、それぞれ二四・六パーセント、二七・八パーセントと高い割合を示していました。

自殺念慮者のなかから、やがて実際に自殺を企図する者も数多くいます。そう考えると、自殺者の背後には、さらに多くの自殺予備軍が控えていることに疑いの余地はありません。年間三万人超という自殺者は、まさに氷山の一角であるということが理解できると思います。

自殺がもたらす社会的損失とは

WHO（世界保健機関）は、各種の疾病などによる死亡（生命損失）や、障害の発生などによる健康寿命損失の総体を定量的に表す指標として、世界疾病負担（Global Burden of Disease＝GBD）を公表しています。この指標は、いわば人類が抱える疾病などの医療保健課題の負荷量を示しており、対策を政策化するうえで、優先性を決定する有用な指標とされています。

二〇〇八年にアップデートされた、二〇〇四年時点の世界疾病負担のデータを〈図表3〉に示しました。GBDが最大の疾患は下気道《かきどう》感染症で、第二位が下痢性《げりせい》疾患です。自殺を含

順位	疾病・障害	DALY（×100万）	全体に占める割合（%）
1	下気道感染症	94.5	6.2
2	下痢性疾患	72.8	4.8
3	単極性うつ病	65.5	4.3
4	虚血性心疾患	62.6	4.1
5	HIV/AIDS	58.5	3.8
6	脳血管疾患	46.6	3.1
7	未熟児・低体重児	44.3	2.9
8	出生時仮死・出生時外傷	41.7	2.7
9	道路交通事故	41.2	2.7
10	新生児感染症	40.4	2.7
11	結核	34.2	2.2
12	マラリア	34.0	2.2
13	慢性閉塞性肺疾患	30.2	2.0
14	屈折異常	27.7	1.8
15	聴覚消失（成人発症）	27.4	1.8
16	先天異常	25.3	1.7
17	アルコール使用障害	23.7	1.6
18	暴力	21.7	1.4
19	糖尿病	19.7	1.3
20	自傷	19.6	1.3

図表3　障害調整年による世界の疾病負担ランキング
※DALY（障害調整生命年）＝疾病や障害などによる生命損失と健康寿命損失の年数
※出典：Global Burden of Disease 2004（WHO）

む自傷は第二〇位で、世界疾病負担全体の一・三パーセントを占めています。

しかし、ここでよく注意をして見てもらいたいのですが、第三位には自殺との関連の強い「単極性うつ病」が、さらには第一七位にも、やはり自殺企図とのかかわりが深い「アルコール使用障害」がランキングされています。

さらに、開発途上国などの低所得国では、感染症などによる疾病負担が大きいのに対して、先進国などの高所得国では、自殺・自傷、うつ病、アルコール使用障害、薬物使用障害を合わせたGBDが、全体の一五・三パーセントにもおよびます。この値は、がんの一四・六パーセント、心臓病の一四・六パーセントを上回るものとなっています。

このように、自殺が社会に与える甚大《じんだい》な影響の一つとして、社会・経済的な負荷や損失といったものが挙げられます。それでは日本では、自殺によって社会全体がどれほどの損失を被っているのでしょうか。

人命に値段をつけることはできませんが、もしも世帯主で一家の大黒柱でもある、働き盛りの中年男性が命を落としたらどうでしょうか。生涯のあいだに得られたであろう勤労所得に年金などを合算した、いわゆる逸失《いっしつ》利益が非常に大きくなるのは想像に難《かた》くありません。交通事故の場合などでも、補償額が莫大になることがあるのは、そのためです。

病気による死亡の多くが老年期以降に増加してくるのに対して、自殺や交通事故などは、働き盛りの年齢層や若者にも多い死因です。つまり病気ではない外因に起因した死亡には、若年者が比較的多く含まれていることから、生涯の逸失利益も大きく、保健医療上の課題としてだけでなく、社会・経済的にも大きな課題となっているのです。

わが国ではこれまで、自殺による逸失利益を推計したデータはほとんどありませんでしたが、国立社会保障・人口問題研究所が一つのデータを公表しています。

同研究所の金子能宏《かねこよしひろ》氏らがまとめた「自殺による社会・経済へのマクロ的な影響調査」によれば、一九九五年から一九九七年までの社会全体の逸失利益は、年平均値で一兆七八二〇億円。それに対して、自殺者が急増した一九九八年から二〇〇〇年までの年平均値は、二兆五四八〇億円に達しており、約四三パーセントも増加していたことが報告されています。

また、この調査ではマクロ経済への影響についても、マクロ計量経済モデルを利用した試算がされています。自殺によるGDP（国内総生産）の損失額については、自殺急増前の年九一四〇億円から、急増後には一兆三一一〇億円へと増大したことが示されています。

厚生労働省は、二〇一〇年九月、金子氏らの新たな推計に基づいて、二〇〇九年の一年間にどれだけの経済損失があったのか計算しています。それによると、自殺や、うつ病での失業者が増加したことなどによって、経済損失額は二兆七〇〇〇億円に上ることを発表しています。

その内訳を見ると、自殺による生涯所得の損失が約一兆九〇〇〇億円、うつ病による生活保護の支給額が三〇四六億円、うつ病の医療費が二九七一億円、うつ病により休業した賃金所得損失額が一〇九四億円などとなっています。このように自殺だけでなく、自殺との関連の深いうつ病による経済損失も大きいことが明らかになっているのです。

損失寿命が表す自殺の現状

自殺による社会的な損失を表す指標としては、もう一つ「損失寿命」があります。

損失寿命とは、簡単にいえば、ある特定のライフイベントに遭遇して死亡したことによって、そのことに遭遇しなければ生存が可能であったかもしれない寿命が、どれだけ失われたかを表すものです。

たとえば、「たばこを一本吸うと、あなたの寿命は五分短縮します」などといった記事を見かけたことはないでしょうか。これも喫煙というリスクに遭遇した人（喫煙者）と、そうでない人（非喫煙者）の寿命の比較から、喫煙量や年齢を考慮して、喫煙によって失われる寿命の損失量を見込んだ結果からはじき出された数値です。

それではここで、日本人の病気や自殺による死亡について、人口動態統計のデータを基にして、実際にどのくらい寿命を損失しているのかを計算してみます。

順位	男			
	YPLL率（年／人口10万人）		死亡率（人／人口10万人）	
1	悪性新生物	703.5	悪性新生物	325.4
2	自殺	636.2	心疾患	133.3
3	心疾患	344.1	脳血管疾患	97.9
4	不慮の事故	326.8	肺炎	94.0
5	脳血管疾患	198.4	不慮の事故	36.3
6	肝疾患	101.5	自殺	35.1
7	肺炎	58.0	肝疾患	17.2
8	糖尿病	33.0	腎不全	15.9
9	腎不全	14.9	老衰	12.0
10	老衰	0.02	糖尿病	11.9
	全死因	3048.1	全死因	950.7

順位	女			
	YPLL率（年／人口10万人）		死亡率（人／人口10万人）	
1	悪性新生物	580.7	悪性新生物	204.3
2	自殺	239.9	心疾患	141.2
3	不慮の事故	112.6	脳血管疾患	100.9
4	心疾患	107.2	肺炎	78.8
5	脳血管疾患	92.4	老衰	35.5
6	肺炎	28.0	不慮の事故	23.4
7	肝疾患	25.5	腎不全	17.9
8	糖尿病	10.2	自殺	13.4
9	腎不全	6.5	糖尿病	10.1
10	老衰	0.02	肝疾患	8.4
	全死因	1608.4	全死因	787.5

図表4　主要な死因別の損失寿命（YPLL率）と死亡率のランキング（2007年）
※YPLL率は生存目標年齢を65歳として算出

損失寿命の算出には、まず「この年齢までは生存できるものとする」という、いわば目標の年齢をあらかじめ決めておく必要があります。この年齢のことを「生存目標年齢」といいます。

生存目標年齢は、その年齢に到達できずに早死《そうし》した場合の損失寿命を算出するために、便宜的《べんぎてき》に設定するものなので、さまざまな設定の仕方があります。平均寿命を生存目標年齢とする場合もありますが、早死による社会・経済的な損失に着目する意味から、わが国では一般的な定年年齢でもあり、生産年齢人口の上限に当たる六五歳を生存目標年齢において、損失寿命を計算するのが一般的です。

六五歳を生存目標年齢とした場合、六〇歳で死亡した人の損失寿命は五年となります。生存目標年齢までの、五年間の寿命を余して亡くなったと考えるわけです。そうすると、五〇歳で早死した人の損失寿命は一五年と計算されますから、六〇歳で死亡した人と比べて、損失寿命は三倍も大きいということになります。

このようにして、私たちの社会（人口集団）のなかで、一定期間内の損失寿命量の合計を求めて、単位人口当たりの損失寿命（年数）として表した指標を、「ＹＰＬＬ（Years of Potential Life Lost）率」と呼んで、早死の指標としています。

前ページ〈図表4〉には、二〇〇七年のわが国の主要な死因ごとの、ＹＰＬＬ率と死亡率について上位から並べて示しています。男性では、悪性新生物（がん）による損失寿命がもっとも大きく、人口一〇万人当たり七〇三・五年の寿命が一年間に失われたことを意味しています。

自殺の損失寿命は、がんに次いで二番目に多く、YPLL率は六三六・二年と、がんの損失寿命に匹敵するほどの寿命が失われていることが分かります。

また、心疾患や不慮の事故のおおよそ二倍の寿命が、自殺によって失われていることも明らかになりました。

女性の場合も、自殺の損失寿命はがんに次いで第二位であることから、やはり自殺は早死傾向が強く、社会的損失が大きい死因であることが分かります。

ちなみに、死亡率のランキングも並べて示していますので、YPLL率の順位と比較してみてください。自殺は男性では六位、女性では八位と大きく順位を下げ、また、がんや心疾患の死亡率と比べるとずいぶん小さくなっています。

このように、損失寿命という視点から日本人の死亡状況を眺め直すことで、自殺の持つ社会的インパクトの大きさを実感することができます。この表を見て、「がん対策に比べて自殺対策が遅れているのではないか」と感じるのは、私だけでしょうか。

加速する若年層での自殺

自殺のように、死亡率のランキングに比べてYPLL率のランキングが上位に来る死因は、早死傾向が強い、すなわち若年者の死亡が多い死因ということになります。

年齢階級別の死因順位を見てみると、男性では「二〇～二四歳」から「四〇～四四歳」までの階級で自殺が第一位、女性では「一五～一九歳」から「三〇～三四歳」までと、男性よりもさらに若い層で自殺が第一位となっています（三七ページ〈図表5〉参照）。これらの年齢層では、自殺の防止が重要な公衆衛生学的課題であることが分かります。

さらには、男性の「一五～一九歳」「四五～四九歳」、女性の「三五～三九歳」から「四五～四九歳」までも自殺は第二位となっており、ここからも、いかに多くのまだ若い命が自殺により失われているかが分かります。

損失寿命は、死亡年齢が若いほど大きくなるので、ほかの病気などによる死亡よりも交通事故や自殺による死亡が多い若い世代では、当然のことながら寿命の損失量は大きくなります。若い命が奪われるということは、次世代の働き手を失うことであり、まさに社会経済的な観点からも早死への対策が重要なのです。

私たちは、自殺による損失寿命がどのくらい増加しているのかを把握するために、一九九

男

年齢階級	死因	死亡数	死亡率（人／人口10万人）	構成割合（%）
10〜14歳	不慮の事故	84	2.8	25.5
15〜19歳	不慮の事故	361	11.6	34.0
20〜24歳	自　殺	1,037	29.3	50.4
25〜29歳	自　殺	1,184	31.4	48.4
30〜34歳	自　殺	1,466	32.8	42.4
35〜39歳	自　殺	1,713	35.9	34.5
40〜44歳	自　殺	1,745	41.9	26.5
45〜49歳	悪性新生物	2,385	61.9	24.6
50〜54歳	悪性新生物	5,265	136.3	33.7
55〜59歳	悪性新生物	13,072	270.8	41.1
60〜64歳	悪性新生物	19,409	446.7	45.7

女

年齢階級	死因	死亡数	死亡率（人／人口10万人）	構成割合（%）
10〜14歳	悪性新生物	40	1.4	21.5
15〜19歳	自　殺	201	6.8	36.0
20〜24歳	自　殺	451	13.5	49.0
25〜29歳	自　殺	519	14.4	44.1
30〜34歳	自　殺	684	15.8	37.4
35〜39歳	悪性新生物	982	21.1	36.0
40〜44歳	悪性新生物	1,563	38.3	45.2
45〜49歳	悪性新生物	2,614	68.7	52.4
50〜54歳	悪性新生物	4,321	111.7	56.2
55〜59歳	悪性新生物	8,243	167.0	57.5
60〜64歳	悪性新生物	9,856	216.3	53.9

※構成割合は、それぞれの年齢階級別死亡数を100とした場合の割合

図表5　年齢階級別死因順位1位の死亡数・死亡率・構成割合（2008年）
※出典：厚生労働省「人口動態統計」

八年に自殺者が急増する直前の一九九五年から、二〇〇八年のあいだの、ＹＰＬＬ率の推移について調べてみました。ここでは、損失寿命の経年変化を観察することになるので、その間の人口の少子化や高齢化の進展による人口構造への影響を取り除く必要から、ＹＰＬＬ率の算出に「年齢調整」という方法を用いて算出を行いました。

年齢調整についての説明は第四章に譲りますが、この手法を用いることで、毎年の自殺による損失寿命の算出を、同じ土俵にのせて行うことができるようになります。すなわちデータに比較性を持たせて、長期間の推移を観察できるようにしたということです。

その結果、男性では一九九八年以前と比べて、自殺の急増した一九九八年には損失寿命が約五〇パーセントも増加。そしてそれ以降、二〇〇八年までのあいだ、損失寿命はほとんど減少することはなく、むしろ増加していました。一方、女性の場合は、男性と比べて自殺者数が少ないことから損失寿命も小さいのですが、自殺による損失寿命は、やはり男性と同様に増加傾向にあることが分かりました。

この間の自殺率が、ほぼ横ばいで推移していたのに対して、損失寿命が増加傾向にあったということは、たいへん重要なことを示しています。つまり、自殺率としては大きな変化がなかったにもかかわらず、早死傾向は年々強まってきたということですから、自殺者の年齢が若年層へとシフトしてきたことを物語っているわけです。

近年の若年層の自殺増加の状況については、自殺に関する統計からも読み取ることができます。

かつて一九九八年以降の自殺増加の主役といわれた、五〇歳代を中心とした中年層の自殺者は、二〇〇三年を境に大きく減少してきています。一方で、二〇歳代、三〇歳代の自殺者数の増加が目立ってきているのです。二〇〇七年には、二〇歳代、三〇歳代の自殺者数は過去最高を記録しました。

彼らの多くは、バブル経済の崩壊とともに訪れた就職氷河期に、社会への第一歩を踏み出そうとした世代です。この時期は、就職率の低下、企業の人件費削減と雇用調整幅の拡大による正規社員の減少、それにともなう派遣社員や契約社員といった非正規雇用枠の拡大による正規社員の失業などが起こりました。必然的にフリーターが増加し、さらには求職活動に至っていない若年無業者（ニート）の存在を生み出すなど、若者の就業環境や就業意識が大きく変化した時期になります。

若年層で自殺リスクが高まっている背景には、これまでになく多くの若者が「社会的な孤立」へと追い詰められていることも関連していると考えられます。これらの件については、世代分析を行った結果などを基に第三章で詳しく述べたいと思います。

世界的視野で見た日本の自殺率

本書では、わが国の自殺に関する調査結果や分析結果を中心に話を進めていきますので、世界の自殺状況について解説する機会が少ないと思います。そこで、ここでは世界の自殺の近況について、少し触れておきます。

WHOが発表している世界各国の自殺率について見てみましょう（四一ページ〈図表6〉参照）。もっとも自殺率が高い国はベラルーシで三五・一（人口一〇万人当たり、以下同）、次いでリトアニアが三〇・四、ロシアが三〇・一と、旧ソビエト社会主義共和国連邦の構成共和国だった国々が上位に位置します。以下、カザフスタン、ハンガリーと続き、日本は二四・〇で第六位です。

アジア諸国では、韓国が二一・九で九位と上位ですが、香港や中国、シンガポールなどの自殺率は低く、日本の自殺率は、世界的にもかなり高いほうに属していることが分かります。

男女別に見た自殺率においても、日本は世界ランキングで男性が三五・一で七位、女性が一三・五で二位となっています。男性では東欧と旧ソ連諸国、女性ではアジアと東欧、旧ソ連諸国が高率ですが、そのなかでも日本は堂々と上位に位置する自殺大国の一つなのです。

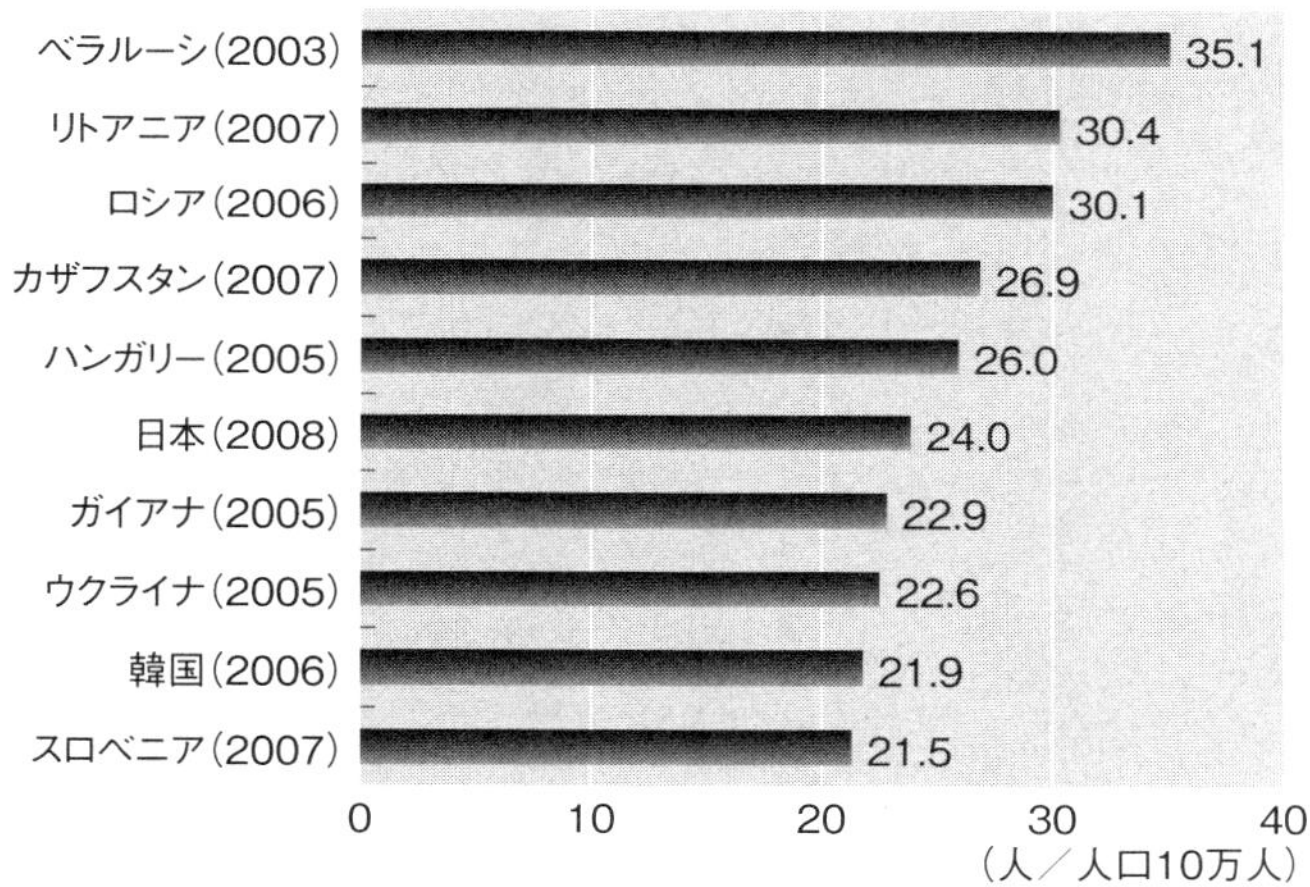

図表6　諸外国の自殺率（2000年以降のデータがある国のみ）
※出典：内閣府「平成23年版 自殺対策白書」

一方、自殺率が低率な国はどこかといえば、主要先進国のなかではイタリアがもっとも低くて六・三、その他、イギリス六・四、アメリカ一一・〇、カナダ一一・三、ドイツ一一・九、フランス一七・〇などとなっています。多くの国が、日本の半分にも満たない自殺率を保っているのです。

国や地域、また同じ国であっても、時代によって自殺率は大きく変動します。戦争や紛争の勃発《ぼっぱつ》、経済環境の悪化、政治体制の変革など、人々が生きる時代背景や社会情勢の変動によって、自殺の動向は大きな影響を受けるのです。

さらには、その国の長い歴史のなかで築かれてきた風習や文化、宗教による死生観、国民性など、さまざまな要因が自殺に影響を与えていることが考えられます。

ではなぜ日本の自殺率は、国際比較のなかで、このように高いのでしょうか。

日本の第二次世界大戦後の自殺者数の推移を見ると、自殺者数の急増した時期が三回あったことが分かります。そして、それらの自殺の急増した時期には、景気の低迷など当時の経済環境の悪化が、その背景にあるのです。

一九九八年以降、現在に至る自殺の増大の背景にも、こうした景気動向や雇用環境の悪化など経済環境の変化があり、ある程度、説明ができます。この点については、第二章で詳しく述べたいと思います。

ただし、そうした急激な社会変化による自殺者数の増加については説明ができたとしても、それは自殺の側面の一つを説明したにすぎません。なぜなら、景気の良かったバブル時代ですら、毎年二万人を超える自殺者がいたからです。

日本の文化が自殺に与える影響

そうなると、国際的に見た場合、日本人に特有の「自殺しやすい国民性」のようなものがあるのではないかと勘繰《かんぐ》りたくもなりますが、先ほど挙げたように、宗教的な背景や文化の違いなどにまで踏み込んでの説明はそれほど多くはありません。

しかし、WHOのホセ・ベルトロテ博士のように、日本の自殺率の高さの理由として、日本の文化との関係を指摘している人もいます。直接の原因が失業や倒産などであっても、自殺を通して自分の名誉を守る、あるいは責任を取るといった、日本人の倫理規範を反映した自殺を指摘しているのです。

確かに、経営に行き詰まった中小企業の経営者が経営責任を取るかたちで、保険金を掛けての「覚悟の自殺」を遂げたといったニュースもよく耳にするところです。このような自殺を、贖罪《しょくざい》的な行為と解釈することができるのかもしれません。しかし、そうした視点からだけで、自殺に関する日本人の国民性について一元論的に論ずるのには、無理があると考えられます。

そのようななかで、自殺に関しての国際比較を考えるうえでの興味深いデータがあります。それが、異なる文化圏における価値観の違いを評価するため、社会科学者たちが行っている「世界価値観調査」というものです。その二〇〇五〜二〇〇六年に実施された最新の調査では、最終的に世界八〇ヵ国以上を調査対象とし、それぞれの国に住む一八歳以上の男女約一〇〇〇人を対象に意識調査が行われました。

この調査のなかで、生活領域の価値観の一つとして、自殺に対する許容度についての調査がありました。許容度については、もっとも低いレベルの「自殺はまったく間違っている

「まったく正しい（認められる）」までの、（認められない）」から、もっとも高いレベルの一〇段階得点によって測定しています。

それによると、スウェーデン、イギリス、オランダ、フランスといった国では許容度が高く、逆にコロンビア、イタリア、グアテマラ、中国などでは許容度は低くなっています。このデータでは、日本は比較的、許容度が高いほうに属していました。

この調査結果は、自殺を許容する背景にある、その国の文化や宗教の違いなどについて個別にとらえることはせずに、単純に、「自殺への許容度」を意識として包括的に把握したものです。そしてこれは、自殺に対する国民性の違いをとらえる一つの見方ではないかと考えられます。

第二章　自殺の流行とその背景

自殺は本当に流行するのか

二〇〇九年四月、新型インフルエンザがメキシコに突如《とつじょ》として出現して、瞬《また》く間に世界中を巻き込んでのパンデミック（世界的大流行）を引き起こしました。日本でも多くの感染者を出し、マスクが売り切れたのは、記憶に新しいところです。

このように感染症などの病気では、特定の集団や地域で、限られた期間に多くの患者が発生する現象が起こり得ます。そして、そのような状態を一般的に「流行」と呼んでいます。

自殺に関していえば、そもそもそれ自体は病気ではなく、また、うつ病などの精神疾患が背後にある場合もありますが、必ずしも病気を背景にしたものだけではないことから、「自殺の流行」という表現は、疫学的《えきがくてき》には正しくはありません。

しかしながら、後述するように、ある時期に特定の自殺手段が頻繁《ひんぱん》に用いられる場合や、特定の職業や年齢層で自殺者が多発している場合などには、社会現象面からとらえて「流行」という言葉が使われることがしばしばあります。

そのため本書では、主にわが国で一九九八年以降の自殺が激増し、現在もその状態が継続している異常事態を表現する意図から、自殺率が明らかに高まった社会状況にあることを「自殺の流行」、そしてそのような時期を「自殺の流行期」と呼ぶことにします。

感染症の場合、流行の条件として、感染力を持ったウイルスなどの病原体の存在と、抵抗力を持たない私たち人間の存在、そして両者を結ぶルート（感染経路）の存在が不可欠です。この三つの条件が揃《そろ》ったときに感染が成立し、集団のなかで人から人へと感染が拡大していくことで、流行が引き起こされます。

一方、自殺の場合は感染症とは異なり、病原体が存在するわけではありませんし、当然のことですが、人から人へと伝播《でんぱ》して広がるものでもありません。しかしながら、たとえば二〇〇八年に硫化水素ガスを使用した自殺が多発したように、特定の手段による自殺者が短期間に増加して、いわば流行現象を呈《てい》することがあります。

この場合には、致死性のガスを発生させる詳細な方法について、情報がインターネット上で紹介され始めたあたりから急増したという事実があります。いわばネット情報が病原体（感染源）となり、インターネットという感染経路を伝って、興味を持ってそのサイトを閲《えつ》覧《らん》した人たち（自殺に傾きやすい人たち）を自殺に誘導したという、感染症とよく似た状況があったわけです。

また過去には、アイドル歌手など芸能人の自殺ニュースを契機として、いわゆる「後追い自殺」が短期間で増加した例などが、いくつも知られています。

他国の例でいえば、イギリスでは一九九七年、事故で急死したダイアナ妃の葬儀から四週間以内に、イングランドとウェールズでの自殺が、それまでの過去四年間の平均に比べて一七パーセント増加し、意図的な自傷も四四パーセント増加しました。なかでも二五〜四四歳の女性の自殺率が、四五パーセントも増加したことが報告されています。

このような事例も、著名人の自殺や死を契機に、マスメディアの報道などを介して、その情報に影響された自殺が頻発《ひんぱつ》するという点では、一種の流行といえるかもしれません。

流行の引き金となる身近な要因

さて、わが国の自殺者数の推移から見た自殺の増加の背景要因として、社会・経済環境の悪化があることが、これまでにもしばしば指摘されてきました。とくに、日本では失業率の上昇や有効求人倍率の低下など、経済・雇用環境の悪化と自殺率とが連動することを指摘した研究が数多くあります。

これは、後述するように、第二次大戦後の自殺率の推移が、景気動向と同調した動きを示してきたことからも頷《うなず》けます。

このように自殺の流行には、感染症とは違って病原体こそ介在はしていないものの、何らかの社会要因が存在します。これが個人に対するさまざまな負荷となって自殺を誘発しています。そのため、集団として見れば、多数の自殺者が誘発される流行現象を引き起こしていることは間違いなさそうです。

感染症にしても社会現象にしても、流行には始まりと終わりがあります。感染症の場合、集団のなかで、ある程度、感染が広がると、感染を受けやすい人の割合が減少してくるため、次第に流行は収まります。一方で社会現象も、初めのうちは物珍しさから一気に広がりを見せて「ブーム」になるものの、いつの間にかスッと終息していくのが普通です。

それでは自殺の場合はどうでしょうか。これも同じように、自殺の流行を引き起こした社会要因に対して、効果的な対策が講じられて状況が改善された場合には、自殺率の低下が期待されます。たとえば、低迷する経済環境が背景にある場合には、有効な景気対策によって景気回復や雇用環境の改善などがもたらされたときに、自殺は抑止され、自殺率は低減していくと考えられるわけです。

先述した硫化水素自殺の場合でいえば、その後の調査から、マスメディアへの過度の露出と自殺者数の増加との関連が指摘されました。そのため内閣府は、WHOが作成しているガイドライン「自殺予防　メディア関係者のための手引き」の周知を徹底。具体的な自殺の方法に関する報道を抑制し、またそれらを有害情報として扱うことによって、ネット上での情報発信を規制するなどの対策を取りました。

一方で、硫化水素を発生させるために混合する薬品の販売元では、当該商品の販売を中止する措置《そち》を取りました。このような具体的な対策が取られたことで、流行は沈静化に向かったのです。

このように、自殺が流行する背景には、入手できる情報や自殺企図《きと》の手段なども関係してきます。そこで、次に自殺手段が、時代によってどのように推移してきたのか見てみましょう。

自殺手段にも流行がある?

「自殺対策白書」のなかから、二〇一〇年の手段別の自殺状況について見ると、男女ともにもっとも多く選ばれた手段は「首つり」でした。男性では全体の六四パーセント、女性では五六パーセントを占めています。男性では首つりに次いで、「練炭等」「飛降り」の順で、女性では「飛降り」「入水《じゅすい》」の順でした。

年齢によっても異なってきますが、首つりがもっとも選択される自殺手段として定着したのは、昭和四〇年代以降のことです。昭和二〇年代後半から三〇年代後半にかけては、睡眠薬や農薬の服毒による「薬物」が自殺企図手段としては最多でした。

なかでも、昭和三〇年代の薬物による自殺の全盛期において、もっとも多くの人命を奪った農薬がパラコートです。現在では、国内での原材の製造は行われていませんが、かつては除草剤として、農家では広く使用されていました。しかも一九八五年までは、一定年齢以上の人が印鑑を持っていけば、農協などで入手可能だったのです。

しかし、液剤を服毒しての自殺や、飲食物への混入による他殺事件が続発したことなどもあって、一九八六年には、毒性を低減させるために希釈された複合剤が販売されるようになりました。現在でも、パラコートを使用した自殺はわずかながら報告されていますが、それらは納屋《なや》などにずっと保管されていた昔のものを使用していると考えられます。

薬物や劇・毒物の規制が厳しくなったことを背景として、昭和四〇年代になると首つりが自殺手段のトップの座に躍り出てきます。以降、現在に至るまで、男女に共通して第一位の座を維持しています。

また、近年、いくぶん増加傾向にあるのがガスを使用した自殺です。これは先に述べた硫化水素ガスを用いたものや、自動車の排気ガス、練炭を使用した一酸化炭素中毒などによる自殺です。

このように、自殺の企図手段にも時代ごとに流行があることが分かります。このことは裏を返せば、それらの手段に対して適切な対策が取られた場合、自殺防止につながることを示しています。

すなわち薬物であれば、製造禁止や販売禁止などの措置によって、手段として選択できない環境を作ることで、その薬物を使った自殺を防止でき、流行が収まるわけです。別の薬物を用いるなど、自殺企図者が代替《だいたい》手段を取る場合もあるでしょうが、少なくともその手段を用いた自殺の抑止にはつながります。

自殺手段の流行性から考えられるもう一つの特徴は、生活のなかでの手近な手段が選ばれるということです。

目につくところに農薬があれば、自殺を考えている人はそれを使った自殺を試みるでしょうし、また高層ビルの屋上に背の低いフェンスしか設置されていなければ、飛び降り自殺を考えるでしょう。

日常的に目の前に手頃な手段が存在することは、自殺企図者にとって、死に向けた最後の一歩を踏み出すハードルを下げている可能性が高いのです。

そういう視点から見れば、自殺手段としての選択を困難にする方策として、高層ビルの屋上への出入りができないように施錠する、電車への飛び込み自殺を防ぐために駅のホームに転落防止柵を設置したり、ホームの端に鏡を設置する、といった対策も有効です。これらは自殺だけでなく事故防止にもつながりますから、社会にとっては有益な方策のはずです。

逆にいうと、なぜ首つりが長年のあいだ、自殺手段として多くの企図者に選ばれ、現在でも減らないのかといえば、やはり日常的なものを使うからです。

ロープ一本あれば実行できますし、ネクタイやベルトなどでも実行できる手軽さが、首つり自殺が減少せず歯止めがかからない理由の一つなのです。また簡単な手段であるがゆえに、自殺対策を講じる側としても、防止する難しさがあるのだといえます。

死を招くネット社会の闇

近年の自殺の特徴の一つに、面識のない者が集団自殺を行う例が挙げられます。この集団自殺があとを絶ちません。

それらのケースの背後には、インターネット社会という、かつてなかった新たな要因が見え隠れしています。自殺願望のある人たちを募《つの》り、情報を交換し、共有して、集団自殺を企図する――そんな自殺が見られるようになったのは、社会にインターネットが普及してからのことです。

第一章で述べたように、自殺を企図し、実際に死に至る人は氷山の一角。その背後には、自殺未遂者、さらには自殺念慮《ねんりょ》者が大勢いて、いわば自殺予備軍となっています。その自殺予備軍に対して、インターネットが自殺へのハードルを下げているわけです。

わが国では二〇〇三年頃から、いわゆる自殺系サイトが増加してきました。練炭を使用した集団自殺が頻発するのもこの頃からです。

二〇〇四年の秋には、東日本の某所で、駐車場に停められた車中で男女七人が練炭による集団自殺を図ったことが、大きくメディアに取り上げられ話題となりました。自殺系サイトでの呼びかけに応じた、七人の見ず知らずの自殺志願者たちが初めて出会い、そして、その日に自殺が決行されたのです。

しかも現場近くの山では、その半月ほど前に、別の四名が同じ手段で集団自殺をしたばかりでした。

インターネットが作り出した、現実社会とは異質でバーチャルなネット社会のなかで、自殺志願者たちは何を求めているのでしょうか。この事件を契機として、ネット社会と自殺との結びつきという、新たな社会問題が顕在化《けんざいか》していったのです。

そして自殺サイトの存在など、ネット社会に潜む闇の現実に、私たちが社会問題としての関心を持ち始めていたときに、図らずも新たなショッキングな事件が起きました。

それは二〇〇五年の夏、西日本のとある河川敷《かせんしき》で一体の遺体が見つかったことが始まりでした。犯人は自殺系サイトで、「ネット心中しませんか」と志願者を募り、応募してきた女性を手にかけたのです。自身は自殺する気などなく、初めから快楽殺人を目的として、死にたがっている人間を自殺サイトで物色していた……。その後の調べで、犯人は同様の手口で複数の人を手にかけたことを自供しました。

その後も、自殺サイトを介した嘱託殺人《しょくたく》、プロフィールサイトで誹謗《ひぼう》中傷を受けた中学生の自殺、個人情報のばらまきなどによって追い詰められた果ての自殺、学校裏サイトや掲示板でのいじめなど、ネット社会と自殺との結びつきはより過激になり、自殺だけでなく、自殺とも関連した許し難《がた》い犯罪さえも誘発するようになっていきました。

ネット上での誹謗中傷によって、追い詰められた韓国の女優が自殺したニュースが決して特別なものではなく、日本でも日常的な事件として受け止められようとしている現在、私たちは学校教育の場でも、あらためて命の尊さや人権尊重の精神、さらにはネット社会に生きる者としての倫理観を学び育てる必要があるのです。

流行と社会背景との関係

自殺手段に流行が見られた一方で、多くの社会・経済要因と自殺率が連動して変化することも知られています。つまり、ある時代に特徴的な動きを見せる社会・経済要因も、自殺率を変動させる大きな原因となっているのです。

五七ページ〈図表7〉は、わが国の第二次大戦後の自殺率の推移を、男女別に表したものです。これを見ると、一九五八年前後と一九八六年前後、そして一九九八年以降にとくに自殺率の高い時期があったことが分かります。

このように自殺率は、時代の流れのなかで大きく変化しています。また、男性と女性の自殺率を比べてみると、男性の自殺率はいつも女性を上回っていて、その変動具合も大きい。このような自殺率変動の背景には、いったい何があるのでしょうか。

第二次大戦後の第一自殺流行期は、一九五八年前後に形成されたピークを指します。もっとも多い自殺者数を数えたのは、東京タワーが竣工《しゅんこう》した一九五八年のことでした。東京の下町を舞台とした当時の生活風景が描き出された映画、『ALWAYS　三丁目の夕日』の頃です。

その時代の自殺流行の主役は若者たちでした。警察庁の「犯罪白書」に残された記録からは、二〇歳代と三〇歳代を合わせた自殺者数は一万八七一人にも上り、この年齢層の自殺率は、人口一〇万人当たりで三七・一四という高い数値を記録しました。

当時は、鉄鋼業や石油化学などの重化学工業を中心とした目覚ましい経済発展によって、大戦の敗北による荒廃や混乱から日本が大きく脱け出そうとしていた時期です。

ところがある日、神武《じんむ》景気と称される好景気に沸いていた日本の産業界は、冷や水を浴びせられました。政府や日本銀行による金融引き締め策が、産業界に大きなダメージを与えたのです。こうして不況の長期化が予測されるなか、到来した景気悪化は「なべ底不況」と呼ばれました。

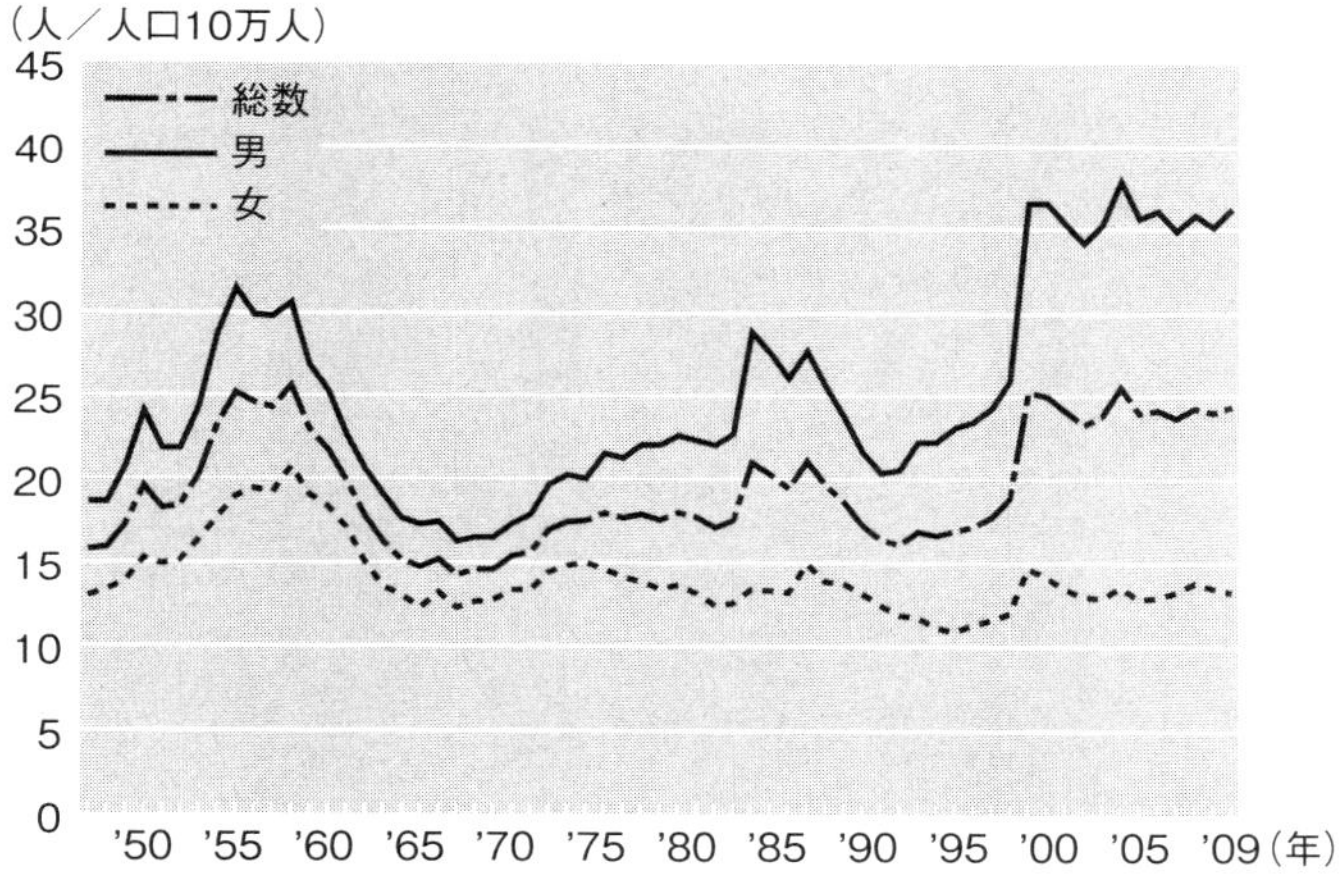

図表7　第二次世界大戦後の自殺率の年次推移
※出典：内閣府「平成23年版　自殺対策白書」

この経済不況下で、総計三万三〇〇〇人を超える自殺者が記録されたことは、自殺と景気との関連を裏づけるに足る事実です。戦争を体験し、戦後のこうした急激な社会変動のなか、若者は自殺に向かった。

しかしながら、この不況は強い経済成長基調に支えられて、景気はなべ底とはならずにＶ字回復を果たし、わが国の高度成長はさらなる岩戸《いわと》景気へと突入していきました。

第二の自殺流行期は、一九八六年の円高不況と呼ばれた時代に当たります。一九七〇年代の二度にわたるオイルショックの影響を受けて、中東の石油に大きく依存していた日本経済が大きな打撃を受けるなか、政府が産業構造の転換を推し進めていた矢先のことでした。

一九八五年九月、ニューヨークのプラザホテルで開催されていた先進五ヵ国蔵相・中央銀行総裁会議（G５）で、主要通貨の対ドルレートの見直しが宣言され、円は一ドル＝二四〇円から、その年の瀬には二〇〇円、そして一九八六年には一五〇円台へと突入するといったように、円高が加速したのです。この円高が、輸出企業にとって大きな痛手となったことはいうまでもありません。不況の波に飲み込まれた日本では、自殺者が二万五〇〇〇人を超える深刻な事態を再び迎えました。

その後、一九八〇年代後半には、公定歩合の引き下げなどの円高対策によって、バブル景気（一九八七〜一九九一年）が訪れます。

株式や土地価格の上昇によって、個人や企業の含み益は増大し、金融機関の融資も増大するなか、かつてない好景気となり、この頃には自殺者も二万一〇〇〇人台まで減少しました。とくに男性では、一九八六年には一万六四九七人だったのが、一九九〇年には一万三一〇二人と、約二一パーセントも激減したのです。

このように、戦後の自殺流行期の背景には景気の悪化が深く関係していたと考えられます。また日本のみならず、さまざまな国で同様に、景気の悪化によって自殺者数が増加する現象は見られるのですが、次に述べるように、戦後最大の自殺の流行もその例外ではないと考えられます。

戦後最大の自殺大流行期の到来

バブル経済で高騰《こうとう》した株式や土地などの資産価格は、一九九〇年の株価下落に端を発して、その後、地価も暴落していくことになります。やがてバブル経済の崩壊とともに訪れた景気後退で企業の業績は悪化し、有効求人倍率の低下や新卒者の内定取り消しなど、雇用環境の悪化を誘発しました。

こうしたなか、一九九八年に前年比で三五パーセント増と、自殺者数は一挙に三万人台へと急増。この現象は、経済問題や生活問題を原因とした中高年男性の自殺者が牽引《けんいん》していたのです。そこでここでは、当時の社会・経済の状況について振り返ってみたいと思います。

当時のわが国では、バブル経済の崩壊によって経済状況がかなり脆弱化《ぜいじゃくか》していたところへ、橋本龍太郎《はしもとりゅうたろう》政権下で行われた消費税率の三パーセントから五パーセントへの引き上げ（一九九七年四月）や、構造改革路線の影響で、景気がさらに後退していました。

加えて、一九九七年のタイ通貨の変動相場制への移行に端を発した、アジア通貨の大幅な下落などの影響もあり、資産価値は急激に下落。翌一九九八年にかけて、北海道拓殖銀行、山一證券、日本長期信用銀行と、次々に大手金融機関が倒産していったのです。

このような社会情勢において金融不安が高まるなか、一九九八年に過去最高の自殺者数三万二八六三人（警察庁発表）を記録します。

この年の自殺者数の動向について、より詳細にデータを見てみると、月別の自殺者数では三月（＊図の矢印）に急増したことが分かります〈図表8〉参照）。決算期に当たるこの時期に、金融機関は自己資本比率規制への対応のため貸し出しに対して消極的となり、いわゆる「貸し渋り」や「貸し剝《は》がし」が行われた結果、多くの中小零細企業の倒産を誘発したといわれています。

このように、バブル崩壊後の脆弱《ぜいじゃく》な経済環境のなか、わが国の金融機関の経営は大ダメージを受け、結果として、景気の悪化による倒産企業や失業者の増加といったかたちで、社会に大きなインパクトを与えたのです。

数ヵ月のあいだに多くの自殺者を記録した一九九八年の春先から、年間の自殺者が三万人を超える非常事態ともいえる自殺の第三流行期は始まりました。戦後最大の自殺者数を記録し続けるこの大流行期は、その後もほとんど沈静化の気配を見せることなく、すでに干支《えと》を一巡してしまいました。

企業は長期化する不況に対して、積極的なリストラと経営戦略の新機軸を打ち出すなどの自助努力を敢行。そうした効果もあって、景気回復の兆《きざ》しが見えた二〇〇四年には、失業率や有効求人倍率は改善し、失業者は減少します。

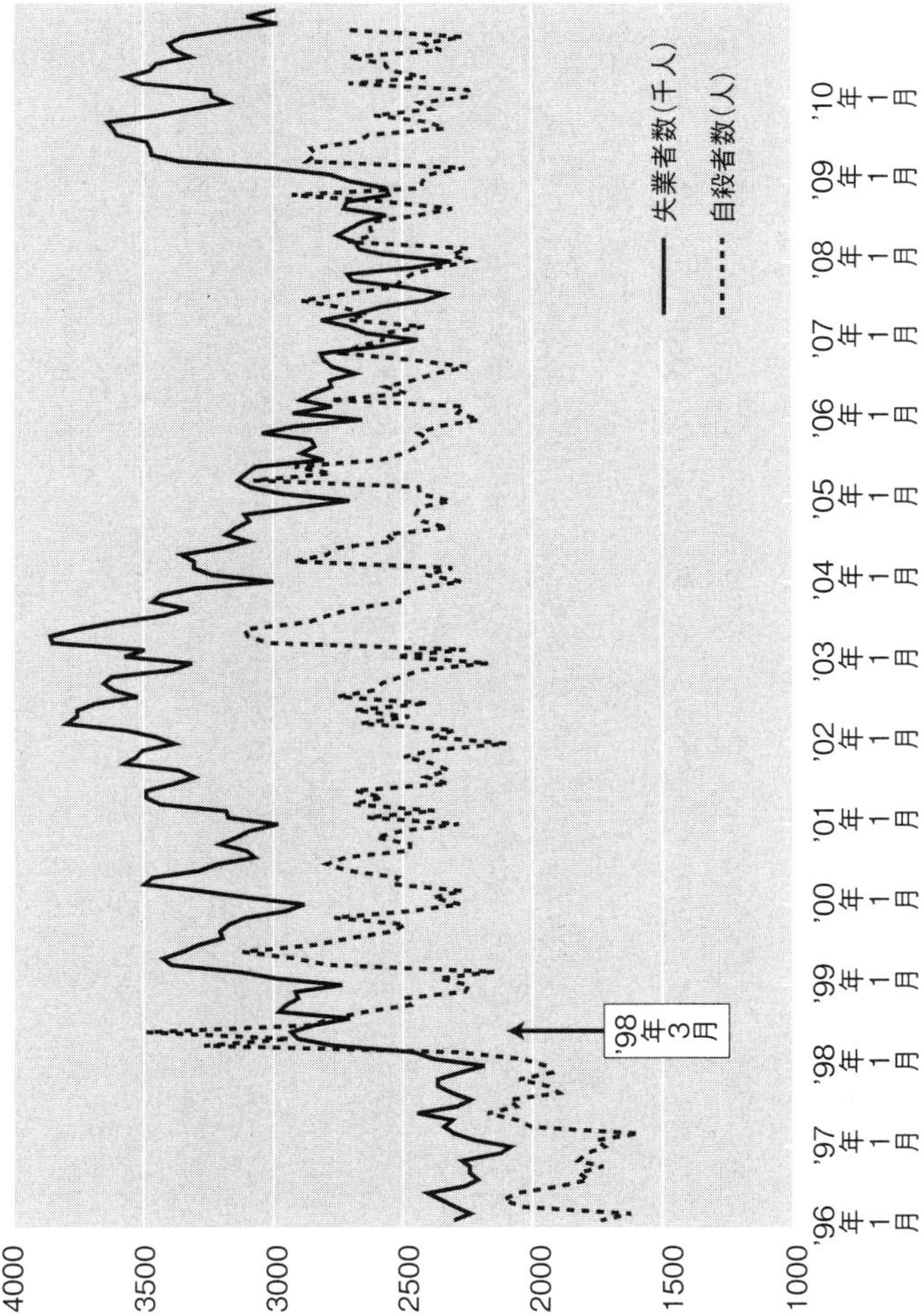

図表8　失業者数・自殺者数の月次推移　1996年〜2010年
※出典：社会実情データ図録

にもかかわらず、自殺者数はほとんど低減することなく、高止まりを示したままになりました。

それはなぜか。リストラによる経営改善が進められるということは、各企業の労働者が減少しているわけです。すると、リストラされずに残された労働者への過重な負担が発生し、彼らのメンタルヘルス（精神保健）の低下が自殺に結びつくという、悪《あ》しきスパイラルとして跳ね返ってきたわけです。

その後も二〇〇七年には、アメリカにおいてサブプライムローン問題が顕在化しました。また金融商品への信用リスクの高まりから、二〇〇八年にはリーマン・ブラザーズが破綻《はたん》し、未曾有《みぞう》の世界金融危機が到来。さらには、追い打ちをかけるように、ギリシャ危機からのユーロ・ドル安と円高基調により、世界経済の動揺と連動して、わが国では先の見えない低迷状態を脱し切れなくなりました。

一方、年間の自殺者数が三万人を超える大流行が続くなか、小泉純一郎《こいずみじゅんいちろう》政権下で進められた構造改革路線の下《もと》で、正規雇用者は大きく減少し、その労働力は派遣労働者など非正規雇用者に置き換えられていきました。

近年の全労働者に占める非正規雇用者の割合は、三三パーセント程度で推移しています〈図表9〉参照）。そしてこの雇用構造の大変化は、非正規雇用者の不安定な雇用や正規雇

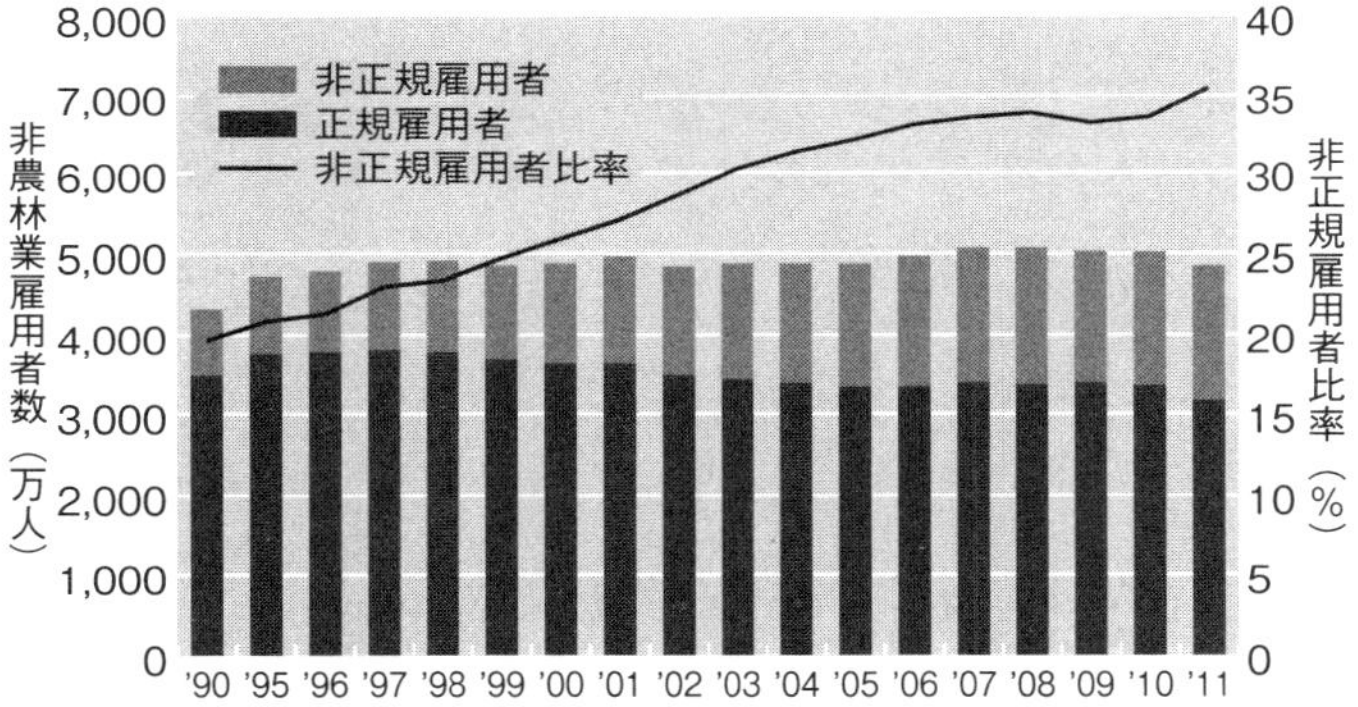

図表9　第三自殺流行期前後の正規雇用者と非正規雇用者の推移
※1～3月平均（2001年以前は2月）。非正規雇用者にはパート・アルバイトのほか、派遣社員、契約社員、嘱託などを含む。2011年は岩手・宮城・福島を除く。
※出典：社会実情データ図録

用者との収入格差の拡大などを招き、生活苦の問題として、バブル経済の崩壊後に就職期を迎えた若年世代を直撃しました。

ところで一九九三年以降、二〇〇五年までを就職氷河期と称することがあります。有効求人倍率が一・〇を下回る状況が継続し、新卒者の就職が困難になるなか、フリーターや派遣労働という不安定な雇用形態が生まれ、拡大していった時期のことです。「派遣切り」「年越し派遣村」「ネットカフェ難民」など、こうした時代背景を象徴する現象や言葉が世間に溢《あふ》れることになりました。

このように戦後最大の自殺の大流行は、まさに経済の低迷と雇用悪化が大きな背景要因となっています。そこで次に、自殺統計に示された自殺の原因、動機の点から、この経済問題の影響について考えてみたいと思います。

人を死に向かわせるものの正体

自殺には、いくつもの要因が複合的に関与している場合が多いのですが、遺書が残されているなど自殺の原因や動機の推定を可能にするケースは少なく、限られた事例からしか情報を得ることができないのが現状です。

そのような状況で、警察庁が毎年公表している自殺に関する統計は、自殺の原因や動機について知ることができる唯一といっていい貴重な資料です。

二〇〇七年に自殺統計原票が改正されたことで、二〇〇八年の自殺に関する統計からは、自殺を裏づける遺書などの資料を基に、明らかに推定できる原因・動機を三つまで計上した資料となっています。二〇一〇年中の自殺の概要資料から、自殺の原因・動機が特定された二万三五七二名（自殺者全体の七四・四パーセント）についての統計を、〈図表10〉に示しました。

自殺の原因として圧倒的に多いのが、四八パーセントに上る「健康問題」です。次いで、「経済・生活問題」「家庭問題」「勤務問題」「その他（孤独感、犯罪発覚、後追いなど）」「男女問題」「学校問題」と続きます。

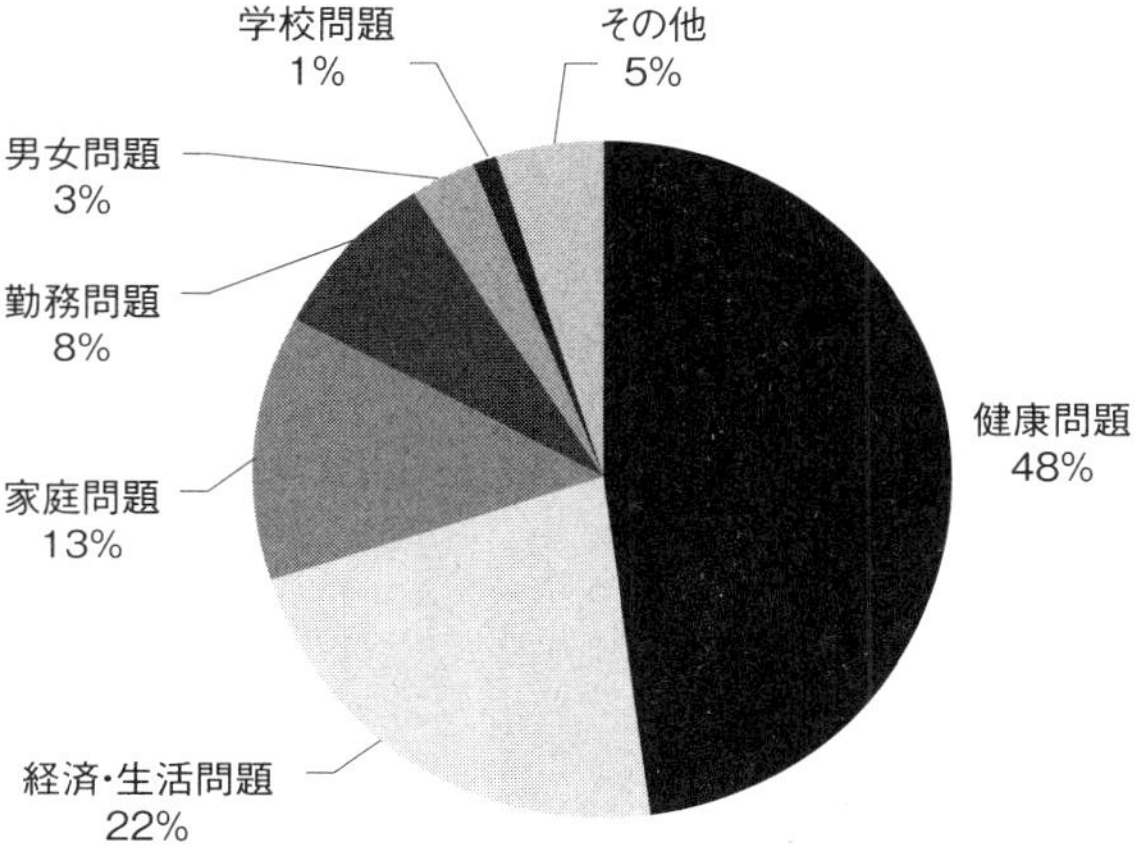

図表10　自殺の原因・動機
※出典：警察庁「平成22年中における自殺の概要資料」

また、最多の健康問題において、総数としては中年期から高齢期にかけて多いのですが、内訳を見ると、身体の悩みが高齢者では多く、うつ病は中年期に多いという特徴が見られます。

経済・生活問題は男性に多く、五〇歳代の自殺では最多原因となっています。また内訳からは、就職失敗については二〇歳代で多く、失業、多重債務、生活苦などは、三〇歳代から六〇歳代までの幅広い年齢層で多いことが分かります。なかには、保険金の支給を企図した自殺も一三六件に上っていました。

一方で、男女問題は二〇歳代を最多に、若年層で多い傾向が明らかです。また、学校問題は一〇歳代、二〇歳代にほぼ限られており、進路の悩みが中心となっています。

この警察庁の統計からも分かるように、現在の第三自殺流行期の背景には、失業、生活苦、借金、多重債務といった経済問題、雇用問題が、男性を中心とした幅広い年齢層に重くのしかかっている現実があるのです。

景気の動向は自殺者数を大きく変動させる要因です。政府の景気対策が遅れるなか、二〇一一年春の四年制大学新卒者の就職率は九一・〇パーセントと低迷するなど、第二就職氷河期の到来といってもいい状況が押し寄せています。

かつて、バブル経済の崩壊とともに訪れた就職氷河期に社会への第一歩を踏み出した世代は、雇用面で大きなハンディキャップを背負うことになりました。のちに朝日新聞社の取材班によって、「ロストジェネレーション」と称されることになった世代です。なお、この世代の自殺リスクが上昇していることについては、次の章で述べることにしましょう。

このように、不安定な雇用状況に影響を受けやすい世代は、自殺リスクを上昇させることが懸念されます。自殺対策の面からも、早急な景気回復と適切な雇用対策が強く求められているのです。

第三章　データが明かす自殺しやすい世代

さまざまな変化を考慮する必要性

日本人の自殺率やがん死亡率、小学生の肥満児童の割合など、特定の集団のなかで起きる出来事（事象）の頻度《ひんど》について、時代を追ってデータを継続して取っていくと、自殺率やがん死亡率が高くなっているとか、肥満児童の割合が増加しているといったことが把握できます。

このように時間を追ってデータを取っていくと、何らかの変化が把握されるわけですが、では、それらはなぜ変化するのでしょうか。そこに何かしらの要因があり、その影響を受けたことで変化が生じているのでしょうか。

集団のなかで起こるさまざまな変化をとらえた場合、注意しなければならない点がありま す。それは、その変化が時代の進行（時間の経過）によって生じたものなのか、あるいは観察した集団が、その期間中に年齢を重ねたことによって生じたものなのか、その二つをきちんと区別することです。

しかし、それぞれの要因がどの程度、変化に影響を与えたかを明らかにするのは、実際のところなかなか難しいものです。

たとえば、現在三〇歳の人たちの集団を対象として、その集団のなかのメタボリック症候群に該当《がいとう》する人の割合について、一〇年間の追跡調査を行ったとしましょう。そして調査の結果、一〇年間という時代経過の末に、メタボリック症候群に該当する人の割合が、三〇パーセントから四〇パーセントにまで増加したと仮定します。

このメタボリック症候群の該当者が一〇パーセント増加したという変化は、追跡期間の一〇年間の時代の進行によってもたらされた多様な社会変化（外食率の増加、運動不足の進行など）の影響を受けたことは間違いありません。ですが、追跡された集団の年齢も三〇歳から四〇歳へと上昇していて、加齢がメタボリック症候群の該当者を増加させたのではないかとも想定できます。

つまり、この集団のメタボリック症候群が増加した背景には、時代の影響に加えて、年齢の影響（加齢の影響）も関与してきたのではないかと考えることができるわけです。集団のなかで起こるさまざまな出来事（事象）は、この例のように「時代影響」「年齢影響」を同時に受けて変化しています。

したがって、このように社会集団のなかで、長期的な継続調査によって観察されたデータを分析しようとする場合には、特定の年齢集団に限って追跡をするだけではなく、さらに多くの年齢層からなる社会全体を対象として、変化を見ていく必要があります。

生まれ世代で共通する影響とは

また先のようなケースでは、時代影響や年齢影響のほかに、「世代影響」が潜んでいることが想定できます。これは、同じ生まれ世代の人たちが共通して受ける影響のことです。なぜなら同世代の集団では、多くの場合、同じ時代の社会背景を共有しながら成長し、人生を歩んでいきます。したがって、それぞれの生まれ世代の人たちに共通した価値観や生活行動などがあって、そのことが特有の影響（世代影響）として、変化の背景に含まれている可能性があるからです。

たとえば一般家庭の食卓の様子は、戦後に大きく変化した好例といえます。なかでも戦後の日本人の食生活における顕著《けんちょ》な変化は、主食のコメ離れによく表れています。

その背景には、昭和四〇年代の半ば頃より急速に進んだ食の欧米化によって、社会全体（幅広い世代）が共通して受けたであろう影響（時代影響）があります。つまりそれは、パン食の浸透や食生活の多様化、また朝食を取らない人の増加などであり、生まれ世代が後年になるほど、そうした習慣がより定着、浸透していったことが分かってきます。

すなわちコメ離れは、日本の食卓の様子が大きく変化した昭和四〇年代以降の、社会全体への時代影響に加えて、若い世代ほどコメの消費量が低減していった世代影響も背景にあったのです。

社会集団のなかで起こる変化の原因を探ろうとする場合、年齢影響、時代影響、世代影響はいつも入り混じった状態であるのが通常です。ゆえに、それぞれの影響を取り出して、変化に与えた影響の大きさを追究することは、困難な作業となります。

ところで人間の集団を対象として、病気などの原因を探る疫学《えきがく》という学問分野には、「出生コホート分析」という研究手法があります。これは病気の罹患《りかん》や死亡など、健康と関連する出来事（事象）の動向に対して、生まれ世代に特徴的な影響（世代影響）を明らかにすることを目的としています。

コホート（cohort）という用語の語源は、ローマ帝国時代の歩兵隊を意味するラテン語「cohors」に由来しており、「ある特定の共通因子を持った集団」という意味です。そして出生コホートとは、出生時期が同じ集団ということで、通常は同じ年に生まれた人たちの集団を指します。

出生コホート分析では、出生年が異なるコホート間の差に着目して、各世代の持つ特徴を明らかにします。一般的には、異なる出生コホートで観察しようとしている事象の、各年齢における頻度を表す曲線を重ね合わせて描くことで、そこから読み取ることのできる差を世代による違い、すなわち「世代影響」と考えます。

ところが、この方法で把握できる世代影響は、たとえば三〇歳での効果を比較しても、そもそも両者の出生年が異なっています。つまり、一九五〇年生まれの集団と一九七〇年生まれの集団を比較したとして、基準となる三〇歳という年齢は同じでも、前者は一九八〇年、後者は二〇〇〇年と、三〇歳時点での時代が明らかに異なっているわけです。

したがって、このようなやり方で把握した世代影響は、決して純粋な「世代の差」だけを反映しているとはいえません。そこには、異なった時代に生きた二つの出生コホート間の世代の差に加えて、比較された時点の時代の違いも「時代の差」として含まれていると考えられるからです。

世代影響を解き明かすAPC分析

ところで、集団内で起こる、ある事象の頻度の変化を説明するために、年齢、時代、世代を変数として組み入れて数学的に表す場合があります。そして、少し難しい話になりますが、これらの変数は相互に関連し合った一次従属の関係になり、そのため、これらを解きほぐして特定の変数の影響だけを取り出すことは、一般的に不可能といわれてきました。

そしてコホート分析の世界では、この解き明かすことができないジレンマ的な課題は「識別問題」と呼ばれ、長いあいだ未解決のままだったのです。

そんなコホート分析の識別問題に一定の解決を与えたのが、年齢（age）、時代（period）、コホート（cohort）の頭文字を取った「ＡＰＣ分析」という方法でした。

ＡＰＣ分析にはいくつもの変法がありますが、「ベイズ型ＡＰＣ分析」は、いくつかの制約条件を操作的に与えることで（付加する条件を是《ぜ》とすることが前提ですが）、絡《から》み合った年齢、時代、世代という三つの要素を数学的に解きほぐして、社会集団のなかで時間の流れとともに変化していく事象への、それぞれの影響を分離して、その効果を評価できるという特徴を有しています。

ベイズ統計学に基づくこの世代分析の手法は、一九九〇年代になって、ワークステーションやパソコンでも扱うことのできるプログラムが開発されました。一般の研究者が簡便に使用できるようになったことから、計量経済学や環境科学の分野など、幅広い学問分野で活用されるようになったのです。

私たちの研究グループも、この方法を用いて、がんによる死亡の動向や高齢者の死亡、女性の出産・婚姻動向などを研究テーマとした世代分析を進めてきました。

そして、それらの研究を進めていた矢先、ある種のがんや脳血管疾患の死亡リスクが、年齢や時代だけでなく、世代にも強く影響を受けていることに気がついたのです。つまり、こうした疾患による死亡リスクが、その人たちの生まれ世代によって大きく異なっており、リスクの高い世代や、逆にリスクの低い世代が存在することが分かったのです。

なお、出産動向の分析からは、少子化が進行し、その対策への声が高まるなか、若い世代が世代影響として「産もうとする方向」に転じている兆候も早くからとらえていました。その後、それらの若い世代を含めて、幾分ではありますが、出生率の回復傾向が明らかになってきたため、APC分析の有効性を確信したのです。

そして私たちは、社会問題化していた自殺についても、世代分析を始めることにしたのでした。

自殺しやすい年齢・時代・世代

では、APC分析の手法を用いて自殺の動向を分析すると、どのようなことが明らかになるのでしょうか。実は、長期間にわたって継続的に調査された、年齢別の自殺率のデータを基にAPC分析を行った場合、その結果から、自殺リスクに与える「年齢効果」「時代効果」「世代効果」を明らかにすることができるのです。

つまり、その集団における、ある一定期間の自殺の動向が、年齢、時代、世代のそれぞれの要因によって、どのように変化したのか（自殺が増えたのか減ったのか）を知ることができます。同時に、それぞれの要因がどの程度の強さで影響を与えてきたのかについても分かるのです。

年齢効果からは、集団を構成している年齢層ごとの自殺リスクが示され、どの年齢層の人たちがより自殺しやすい（自殺リスクが高い）のか、また逆に、どの年齢層の人たちが自殺しにくい（自殺リスクが低い）のかを知ることができます。

時代効果からは、自殺動向を観察した期間中の、どの時期（時代）に社会全体からの影響として自殺リスクが上昇したのか、あるいは低減したのか、自殺リスクの変化の方向（トレンド）と大きさを知ることができます。

世代効果からは、生誕年ごとの集団（出生コホート）の自殺リスクが明らかにされるため、いつの生まれ世代の人たちで自殺リスクが高いのか、また逆に低いのかを明らかにすることができます。いわば、自殺に対してハイリスクな「死に急ぐ世代」を把握することが可能になるわけです。

このようにＡＰＣ分析は、私たちの社会で起こっている自殺という事象について、個人ではなく集団単位での分析を通じて、リスクの高い年齢層、時代、そして世代を解き明かすことができる方法なのです。このことは、より効果的な自殺対策を講じていくうえで、焦点を当てる年齢層や生まれ世代などを見極めるために、有用な手法であるといえます。

それでは、一九九八年に始まった第三自殺流行期の分析結果について解説する前に、戦後最初の第一流行期が訪れる直前の一九五五年から、第三流行期に入る前の一九九四年までの期間を対象とした、自殺動向に関するＡＰＣ分析の結果について見てみましょう。

第一・第二流行期の動向とは

ＡＰＣ分析の結果は、男女別に〈図表11〉と七九ページ〈図表12〉に示しました。上から年齢効果、時代効果、世代効果の推定値を表しています。縦軸はそれぞれの効果の自殺率への影響の大きさ、言い換えると、自殺リスクの大きさを表していて、上（＋）にいくほどリスクは高く、逆に下（−）にいくほどリスクが低くなります。したがって、リスクを表している効果曲線が、上方向への変化をしている場合は自殺リスクが増大し、下方向へ変化している場合はリスクが低減していることを表しています。さらに、これらの図は、縦軸（推定値）の変動幅が大きいものほど自殺リスクに与えた影響が大きいことを表しています。

一九五八年と一九八六年をピークとした、戦後の二つの自殺流行期を含むこの期間の自殺動向は、果たしてどのような年齢、時代、世代の影響を受けていたのでしょうか。

三つの要因のなかでもっとも自殺リスクに大きな影響を与えていたのは年齢でした。年齢効果の曲線からは、男女ともに二〇～二四歳から二五～二九歳の年齢層のところで、一つの山が形成されていることが分かります。つまり、二〇歳代の若者を中心とした、若年層の自

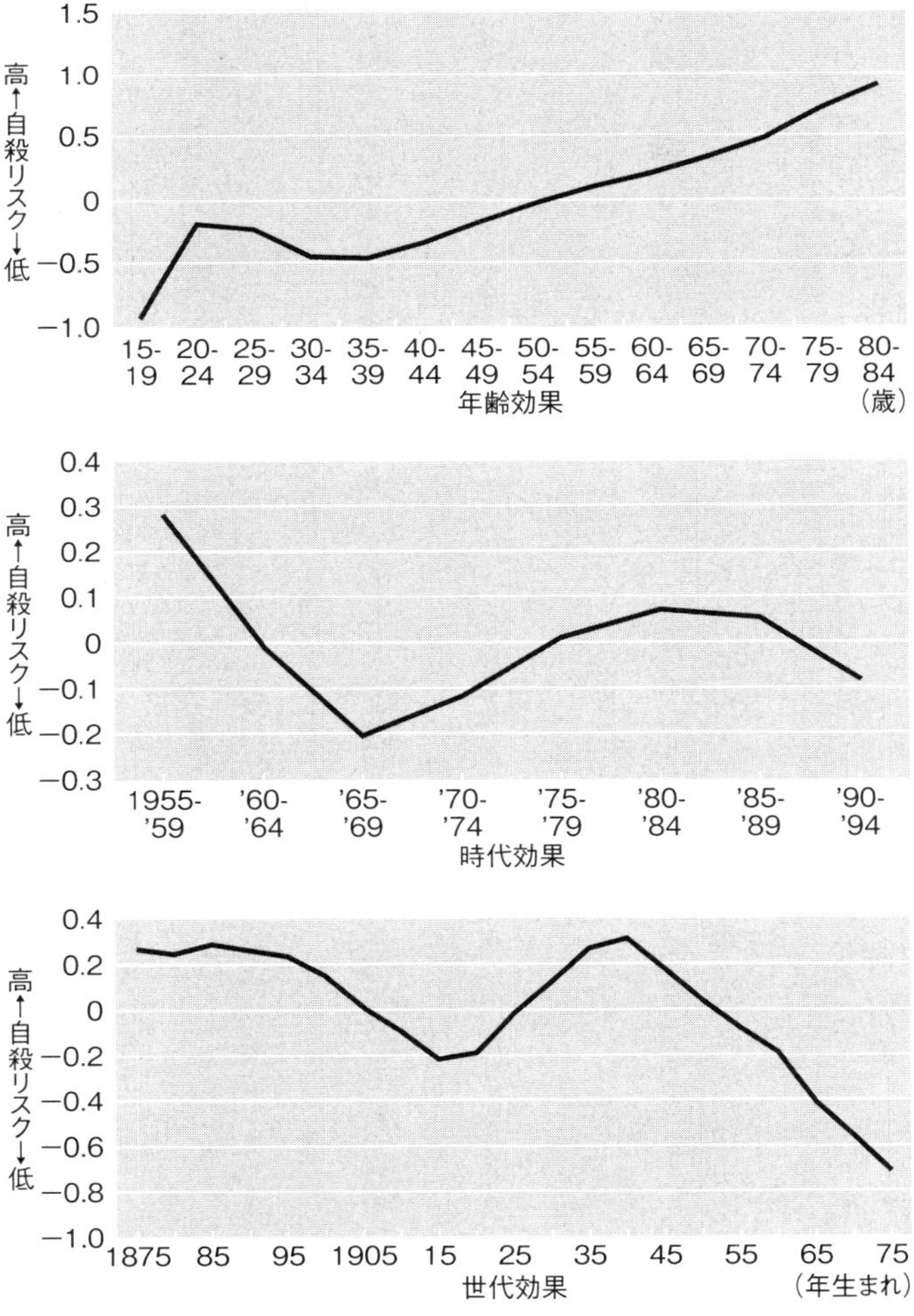

図表11　1955年〜1994年までの自殺動向のAPC分析（男性）

殺リスクが高かったということです。

それよりも上の年齢層では、男性では三五～三九歳、女性では四〇～四四歳までは、自殺リスクがいったんは低減しています。ところが、さらにそれ以上の年齢層では、年齢層が上がるにつれて自殺リスクが高まっていたことが分かります。

時代効果は、男女ともに一九五五～一九五九年の時期に自殺リスクがもっとも高かったことを示しています。ここが第一流行期に当たります。その後、一九六五～一九六九年までは自殺リスクは低減していましたが、さらにその後、男性の場合は時代経過とともに上昇して、一九八〇～一九八四年から一九八五～一九八九年のあいだに、自殺リスクはピークに達します。ここが第二流行期です。そして、一九九〇～一九九四年には再び自殺リスクが低減しています。

女性の場合は、一九六五～一九六九年まで自殺リスクは低減しますが、その後、一九八五～一九八九年までの期間は、ほぼ横ばいの状況で推移します。また、一九九〇～一九九四年ではさらに低減するパターンを示しており、明らかに男性とは異なる時代影響を受けてきたことが分かりました。

世代効果は、男女ともによく似た効果曲線を描いています。共通して見られるのは、一九三五～一九四〇年生まれの集団（出生コホート）をピークとして、その周辺の生まれ世代の

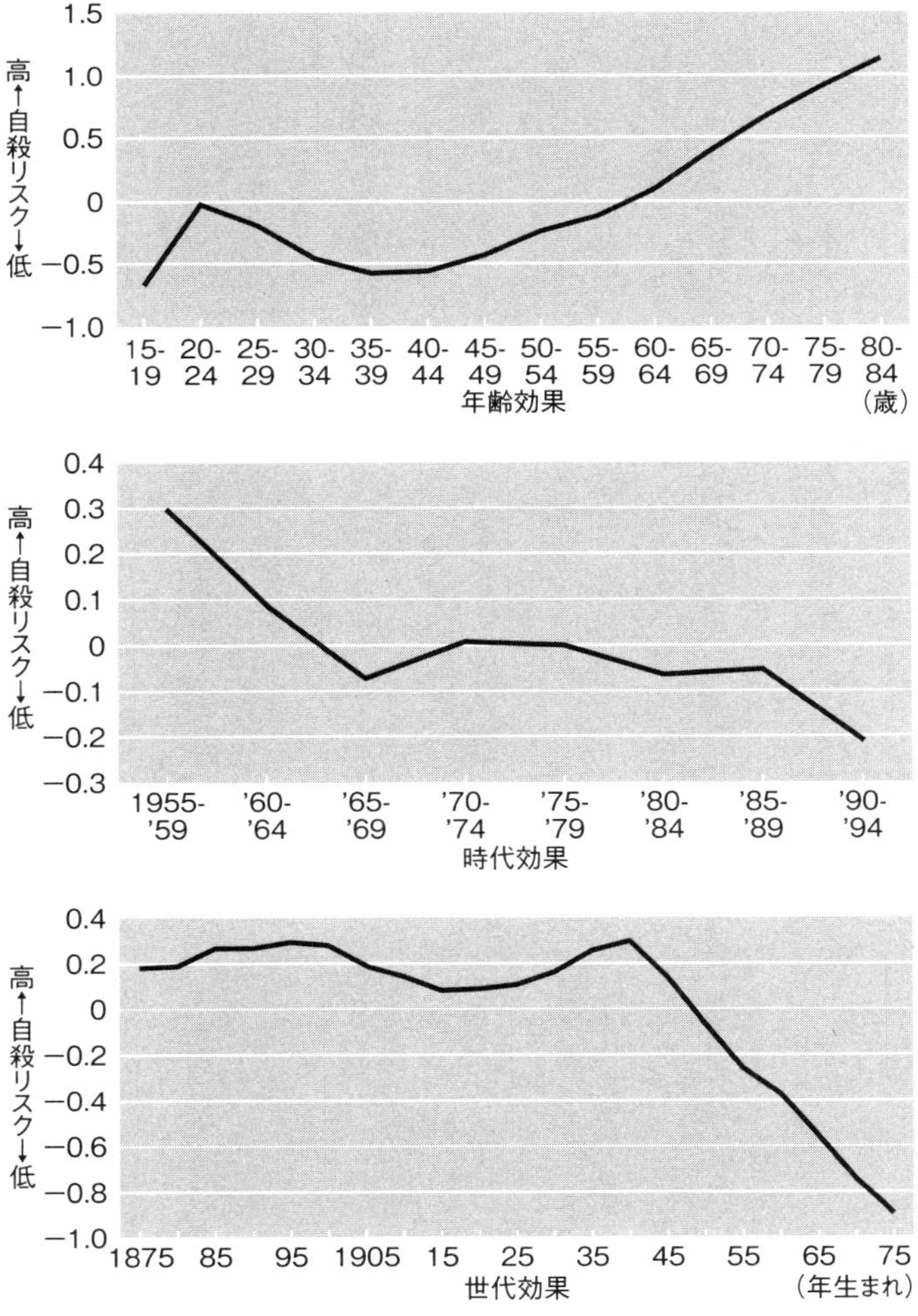

図表12　1955年〜1994年までの自殺動向のAPC分析（女性）

自殺リスクが高いことです。

男性のほうがよりはっきりとした山を形成していますが、男女ともに一九三五〜一九四〇年前後の生まれ世代の人たちは、ほかの生まれ世代の人たちよりも高い自殺リスクを示しています。また、そのハイリスクな世代以降の生まれの人たちでは、次第に自殺リスクは低減してきたことも分かります。

自殺願望が二度芽生える？

このAPC分析の結果に加えて、一九五五年から一九九四年までの、時代ごとの年齢階級別自殺率の推移を考え合わせながら、さらに一歩、踏み込んで考えてみましょう（〈図表13〉参照）。

この図から、男性では、自殺の第一流行期を含む一九五五〜一九五九年と、第二流行期を含む一九八〇〜一九八四年、および一九八五〜一九八九年の二つの時期で、自殺率が高まっていたことが分かります。しかしながら、この二つの自殺流行期には、大きな違いがあります。

第一流行期では、もっとも多くの自殺者を出した年齢層が一五〜二四歳であり、次いで二五〜三四歳でした。第一流行期は、このように若年層が主役となって作られた流行期だった

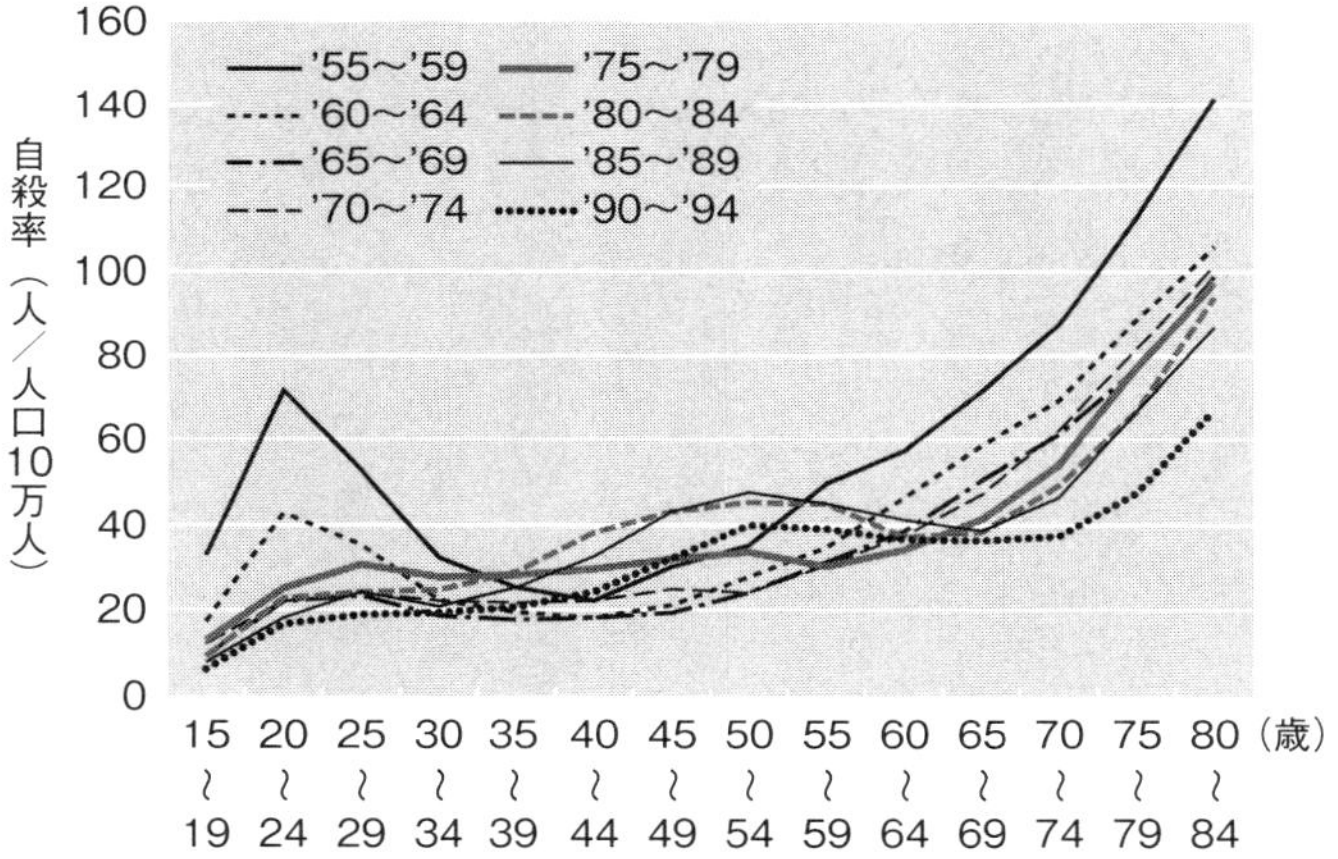

図表13　時代別に見た年齢階級別自殺率（男性）

のです。

一方、第二流行期では、自殺リスクの山を形成している年齢層が明らかに異なります。男性の場合、自殺者の多い順から、四五〜五四歳、次いで三五〜四四歳、そして五五〜六四歳、および六五〜六九歳と続いています。つまり第二流行期の主役は若年層ではなく、中年層の男性だったのです。

先のＡＰＣ分析の結果では、自殺リスクの高い世代として、一九三五〜一九四〇年生まれ前後の出生コホートが一つの山を形成していました。すなわち第一流行期ピーク近くの一九五六年には、この人たちは一六〜二一歳前後であり、第一流行期の主役であったことが裏づけられます。

また、第二流行期の一九八六年には四六〜

五一歳前後と、男性の場合、やはりこのハイリスクな一九三五～一九四〇年前後生まれの世代が、第一流行期から約三〇年後の中年期になって、第二流行期の主役として再登場したということが分かります。

一方、女性の場合は、第一流行期の主役であった世代は、第二流行期では自殺率の上昇に大きく寄与してはいません。そういう意味では、第二流行期は男性型の流行期という特徴を持っており、これは後述する第三流行期の特徴と同じです。

このように、戦後の二つの自殺流行期において主役となった世代は、共通して一九三五～一九四〇年前後生まれの世代であったことが、APC分析によって明らかにされました。別の言い方をするなら、この生まれ世代は、「ほかの世代に比べて自殺しやすい世代」「死に急いだ世代」であったといえるわけです。

この特徴的な自殺リスクの高い世代の存在に関しては、これまでの研究を通しても指摘されてきました。自殺の心理・社会的要因について研究を進めた、奈良女子大学の清水新二名誉教授は、フランスの社会学者であるエミール・デュルケームの『自殺論』を引用して、この世代の自殺特徴を「アノミー的自殺」と解説しています。

アノミー的自殺とは、戦後の動乱期から脱し始めた急激な社会変化の時期に、社会的規制を失い、より多くの自由が獲得された結果、その自由に対応しきれずに自殺してしまうというものです。

また、戦前の教育的価値観から、戦後になっての急激な価値観の変化を余儀なくされた世代として、自殺しやすい世代であることも、多くの研究者が指摘してきたところです。

私たちのAPC分析からも、この特徴ある自殺のハイリスク世代をしっかりととらえることができました。さらには、男性では青年期と中年期の人生の二つの時期に、死に急いだ世代であったことをはっきりと示しているのです。

二一世紀の自殺主役世代は

これまで見てきたように、男性の一九三五～一九四〇年頃に生まれた世代は、第一流行期と第二流行期に共通して、ほかの世代よりも自殺しやすい世代としての特徴を持っていることが明らかにされました。

この世代は、第三の自殺流行期が始まった一九九八年には六〇歳前後でしたので、中高年期に当たります。そして現在、この世代は七〇歳代半ばに達し、高齢期に突入しています。この世代が、第三流行期の今、再び主役となって高い自殺率に寄与していないだろうか。これまで死に急いできた世代ですから、とても気になるところです。

そこで、私たちは第三流行期の主役となっている年齢や時代、そして何よりも世代を明らかにすることを目的として、ＡＰＣ分析を行ってみました。

　第三流行期の自殺動向に焦点を絞るため、第二流行期の影響がほとんどないと考えられる一九九三年以降、二〇〇八年までの期間の自殺動向について分析しました。

　まずは男性についての結果ですが（〈図表14〉参照）、年齢効果は自殺リスクに最も大きく影響した要因で、一五〜一九歳から自殺リスクが最大となる五五〜五九歳までの年齢層で、年齢が上昇するにつれて自殺リスクも上昇。五五〜五九歳よりも高い年齢層の自殺リスクは、高水準を維持しながらも、年齢とともに低減傾向にありました。

　これらのことから、第三自殺流行期の自殺リスクを年齢の影響から見ると、五〇歳代の後半を中心とした、中高年男性の自殺リスクが高いという特徴をつかむことができたのです。

　次に時代効果。変動幅は他の二要因と比べて小さいため、その影響は相対的には小さいのですが、一九九八年に突如として自殺リスクが急増しています。そして、それ以降はほぼ横ばいではあるものの、高止まりの状態で推移してきた様子が分かります。一九九八年は、金融不安がわが国の経済を襲った年であり、まさに第三流行期の始まった年でもあります。

　一九九八年の時代効果としての自殺リスクの上昇は、この年に特定の年齢層や特定の世代が影響を受けたということにとどまらず、幅広い年齢層、世代層を含んだ日本社会全体が、自殺リスクの高まるインパクト（衝撃）を受けたということを表しています。

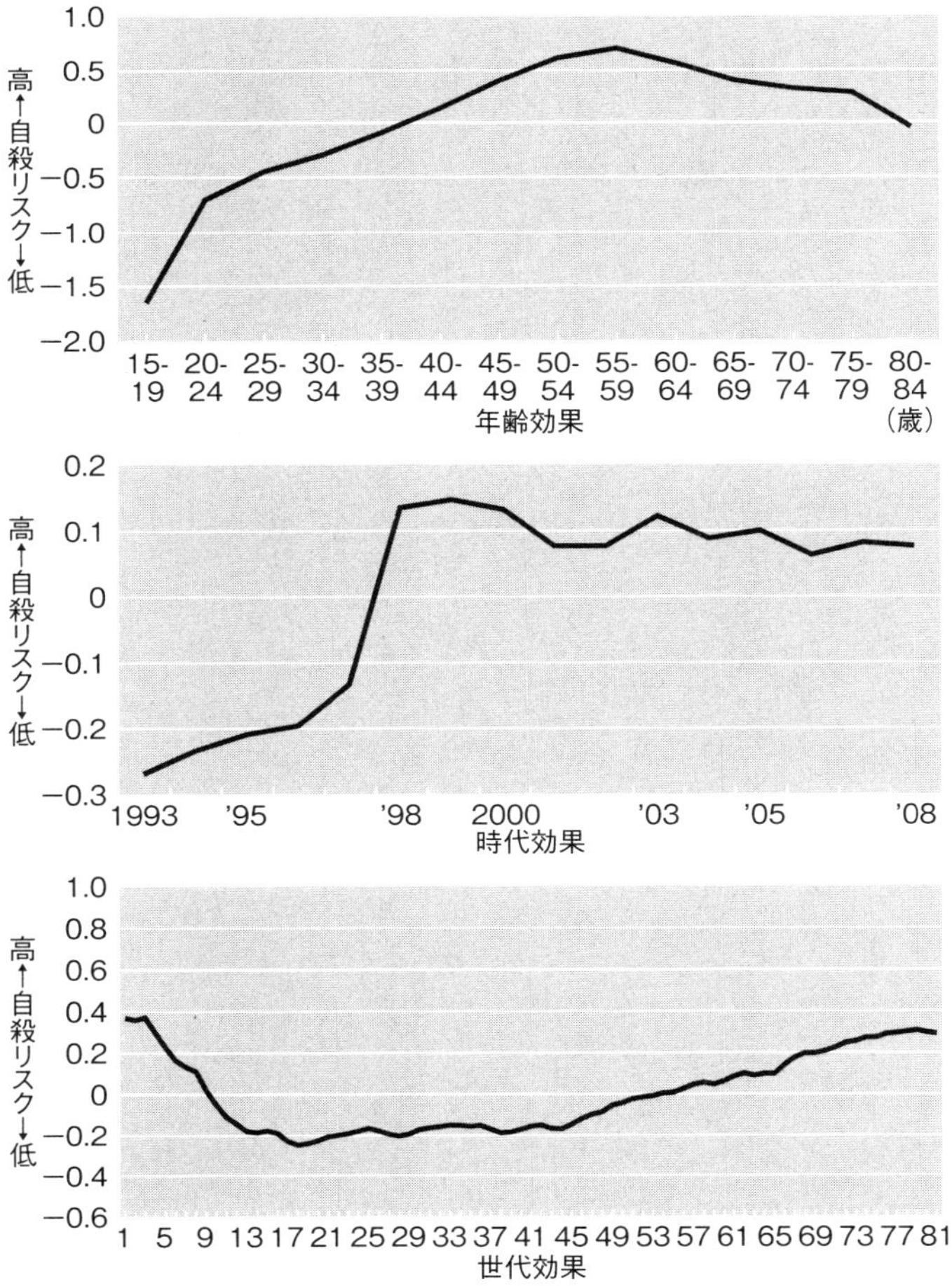

図表14　1993年〜2008年までの自殺動向のAPC分析（男性）
※世代効果の横軸数字はコホート番号を表し、「1＝1911年生まれ」から「81＝1991年生まれ」の世代に相当

さらに、時代効果としての自殺リスクが、その後も高止まっていることから考えると、日本社会へのインパクトは、その後、一三年以上にわたり影響を与え続けていると考えられるのです。

急上昇する昭和三〇年以降生まれ

次に世代効果を見ると、出生コホートによって、ずいぶん自殺リスクが異なっていることが分かります。第一、第二流行期の主役であった世代は一九三五～一九四〇年生まれですから、図中のコホート番号の二五～三〇に該当しますので、自殺リスクが上昇し始める手前の、リスクの底に当たる部分に位置しています。

つまり、第三の自殺流行期に入って、かつて死に急いだ主役世代は、ほかの世代と比べても自殺リスクは高くなく、むしろ低いことが判明したのです。この点については少し安堵しました。

しかし一方で、世代効果を表す効果曲線は、新たな主役の登場を告げています。自殺リスクが低い底の状態から、上昇に転じているのがコホート番号四五の一九五五年（昭和三〇年）生まれです。そして、この世代以降のコホートでは、後年の生まれ世代になるほど自殺リスクが上昇していることが新たに分かりました。

	1995	2000	2005	2009
20〜24歳	11.4			
25〜29歳	14.0	18.1		
30〜34歳	14.5	20.2	23.1	
35〜39歳	15.1	21.5	24.4	25.9
40〜44歳	17.5	23.7	29.0	28.7
45〜49歳	21.1	30.7	33.6	32.1
50〜54歳	28.6	37.9	36.7	36.1
55〜59歳	28.2	45.0	38.3	36.7
60〜64歳		38.5	34.1	32.6
65〜69歳			28.5	30.3
70〜74歳				27.6

S40年代生まれ
S30年代生まれ
S20年代生まれ
S10年代生まれ

図表15　生誕年代別の自殺率の推移（1995年〜2009年の総数）
※自殺率は人口10万対。年号と生誕年代は正確には1〜2歳のずれを含む。

第一、第二流行期の分析結果とはまったく異なり、一九五五年生まれ以降の世代での自殺リスクの上昇傾向が意味するところは、いったい何でしょうか。

それは、自殺の第三流行期では、明らかに主役世代が交代したということです。かつての主役世代であった一九三五〜一九四〇年生まれ世代は、一時的なのかもしれませんが、今は影を潜めています。そして、その代わりに一九五五年生まれ以降、すなわち昭和三〇年代生まれ以降のより若年層に当たる世代へと、自殺リスクの高い世代がシフトしてきたというわけです。

先に述べたように、年齢効果では五〇歳代の後半で自殺リスクが高かったことから、世代的には昭和二〇年代後半生まれの自殺リスクがもっとも高くなっています。しかし、年齢効果がこのまま五〇歳代後半の中年層をピークとする状況が続くと仮定すれば、今後の一〇年間には、昭和三〇年代生まれの世代がその年齢に該当するので、世代としてのリスクに加えて、年齢的にもハイリスクとなり、自殺率の高い集団となっていくことが懸念されます。

また、このことは自殺率の推移にも表れています。前ページ〈図表15〉に一九九五年から二〇〇九年までの、五歳年齢階級ごとの自殺率の変化を示しました。同じ年齢層で比較すると、昭和一〇年代、二〇年代生まれの自殺率が低下傾向にあるのに対して、昭和三〇年代、四〇年代生まれの自殺率が確実に上昇してきているのが分かります。

男性の陰に隠れた女性の自殺動向

さて、第三流行期の特徴は男性自殺者の増加です。そのため、話を男性に限ってしまってもいいのですが、女性でも多少なりとも第三流行期には自殺率が上昇し、流行の特徴が見られますので、女性についてのAPC分析の結果についても確認しておきましょう（〈図表16〉参照）。

女性の場合、年齢効果は、男性と同様に五〇歳代までは年齢とともに上昇します。ところが、男性では五〇歳代の後半に見られた中年層の自殺リスクの山が、女性でははっきりとは

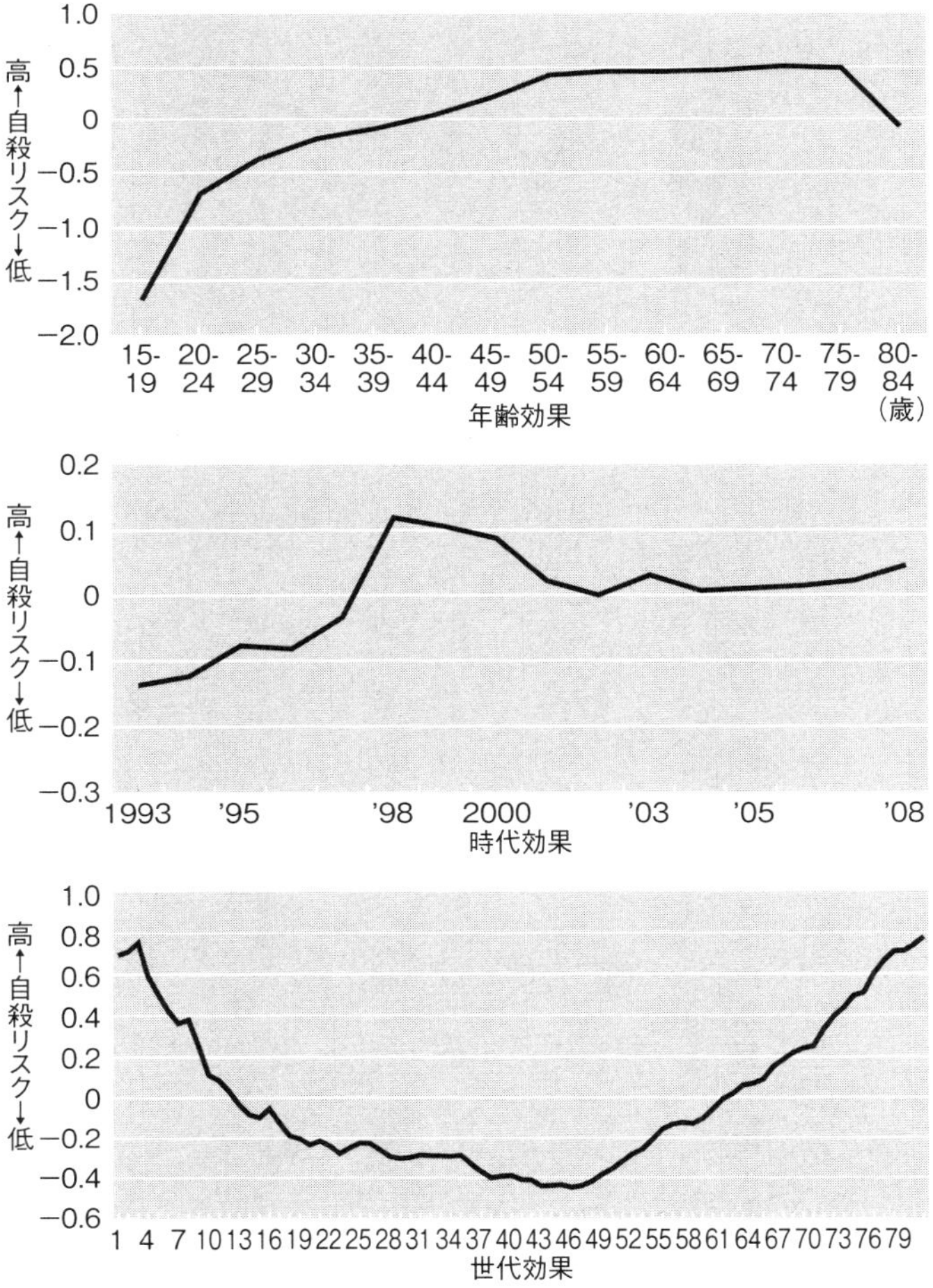

図表16　1993年〜2008年までの自殺動向のAPC分析（女性）
※世代効果の横軸数字はコホート番号を表し、「1＝1911年生まれ」から「79＝1989年生まれ」の世代に相当

しません。むしろ、六〇歳以上の年齢層でも自殺リスクは高止まりしています。つまり、男性では五〇歳代の後半を中心とした中高年が、自殺のハイリスク年齢なのに対して、女性の場合には、むしろ高齢者での自殺リスクが高く保たれている特徴を示しているわけです。

時代効果については、男性と同様に一九九八年の影響は明瞭で、景気の悪化が男女を問わず、広く社会全体にインパクトを与えたことが分かります。しかしながら、それ以降、男性では高止まりしている自殺リスクが、女性の場合には二〇〇二年までには相当に低減しており、時代影響としての自殺リスクの上昇は、男性のほうがより深刻であることがうかがえます。

さらに世代効果も、女性では男性とは少し異なったパターンを示し、なべ形の変化を示していることが分かります。

第一流行期の主役であった一九三五〜一九四〇年生まれ前後の世代は、やはりなべの底の部分に隠れていて、特段に高いリスクを示してはいませんでした。むしろ男性と同様に、一九五五年生まれを転換点として、自殺リスクは、その後の生まれ世代において、次第に高まっていることが明らかになりました。

ロストジェネレーションと自殺

私たちの調査において、第二流行期の影響を除外することで、自殺リスクの高い世代が、かつての一九三五〜一九四〇年生まれ前後の世代から、もっとうしろの世代へとシフトしたことが見えてきました。さらには、昭和四〇年代後半生まれ以降を含む、若い世代の自殺リスクが増大傾向にあることが、特徴として浮かび上がってきたのです。

若年層における自殺の世代リスクが高まっていることの兆候を、私たちの研究グループはすでに、第三流行期が始まってしばらく経った頃に把握していました。それは第二流行期を含む一九八五年以降、二〇〇四年までの期間の自殺動向について、APC分析を行ったことがあったからです。

そのときの結果では、主役となる一九三八年前後生まれの世代の自殺リスクがもっとも高く、それ以降、一九七一年生まれまでの世代の自殺リスクは低減していました。ところが、この一九七一年生まれの出生コホートを境として、それ以降の生まれ世代の自殺リスクが一転して上昇に転じていたのです。

一九七一年生まれというのは、一九九一年のバブル経済の崩壊後に訪れた就職氷河期の始まりの頃に、大学を卒業したか、その前後の世代に相当します。ロストジェネレーションとも呼ばれる、その後の約一〇年間の就職氷河期時代のまさに入り口で、社会への第一歩を踏み出すこととなった世代です。

社会問題となった深刻な就職氷河期は、少なくとも二〇〇五年までの十数年間に就職期を迎え、社会へ飛び立とうとした若者たちを直撃したことは間違いありません。この時期の大学新卒者は、おおよそ一九七一年生まれから一九八三年生まれの人たちに該当します。また高校卒業者でいえば、一九七五年生まれから一九八七年生まれに当たる世代です。

このロストジェネレーション世代に着目して、もう一度、八五ページ〈図表14〉の一番下、自殺リスクの世代効果の図を見てください。コホート番号が六五の一九七五年前後生まれの世代のところから、自殺リスクは一段と高くなり、それ以降の生まれ世代で上昇していることが明らかです。

つまりAPC分析の結果からも、ロストジェネレーション世代は明らかに世代的に自殺リスクが高まっている、特徴ある世代であることが理解できます。

このように、第三自殺流行期の背景要因の一つとして、ロストジェネレーション世代を含む若年世代の、雇用環境の悪化を挙げることができるのです。

若者が希望を持てる社会の実現を

ニッセイ基礎研究所の土堤内《どてうち》昭雄《あきお》主任研究員は、「若者の社会的孤立について」と題した研究レポートのなかで、雇用情勢の悪化から労働参加が思うようにできず失業状態に陥る人や、非正規雇用に起因する非自発的な離職が増加し、仕事を通じた社会や人との関わりが薄いことなどを背景に、若者にも社会的孤立が広がっていることを懸念しています。

そして、仕事に就《つ》いて自己実現を図る、または結婚して家族を持つといった人生の選択に制約を受けたり、社会とのかかわりを失って社会から排除されたりするような、貧困社会の是正《ぜせい》の必要性を強調しています。

ロストジェネレーション世代以降の若者の自殺リスクの増大は、まさにこのような雇用環境の悪化による若者の社会的孤立と関係していると考えられます。

加えて若者の未婚化も深刻です。九五ページ〈図表17〉に示したように、男女とも一九八〇年代から未婚率の上昇傾向が顕著になりますが、とくに男性では、二〇歳代後半から三〇歳代前半の未婚率が、一九九〇年代以降も大きく上昇してきた様子が明らかです。この背景には、結婚を望んではいても、雇用が不安定で収入も低く、結婚に踏み切れない男性たちの姿が見え隠れしています。

厚生労働省の「第7回21世紀成年者縦断調査（二〇一〇年）」によれば、二〇〇二年に四〇〇〇人の独身男性を対象として調査が開始され、そのなかから二〇〇八年までに結婚した独身男性の割合は、正規社員で三二・二パーセントであったのに対して、非正規社員では一七・二パーセントと低く、そこには約一・九倍の格差があったことが報告されました。さらに子供を持った割合にも二・六倍の差があり、雇用形態の違いが結婚や出産に影響を与えていることがはっきりと示されたのです。

また、この調査では結婚と収入との関係も示されており、年収が四〇〇万円台では結婚した割合が二六パーセントであったのに対して、一〇〇万円台では八・九パーセントにとどまっていることが明らかにされました。

中央大学の山田《やまだ》昌弘《まさひろ》教授は、厚生労働科学研究の調査結果のなかで、こうした低所得の男性が女性から結婚相手として選ばれにくいことを示しており、未婚男性の年収と未婚女性の期待する年収とのギャップについても明らかにしています。

それによると、結婚相手に年収六〇〇万円以上を期待する未婚女性が、青森では一三・六パーセント、東京では三九・二パーセントいたのに対して、六〇〇万円以上収入のある未婚男性は青森で〇・九パーセント、東京でも三・五パーセントしかいませんでした。このように、結婚における金銭面での理想と現実には大きなギャップがあるのです。

また文部科学省と厚生労働省が発表した、二〇一一年四月一日時点の大学新卒者の就職率は九一・〇パーセントで、これは何と、一九九九年度を〇・一ポイント下回り、過去最低の就職率を記録しました。

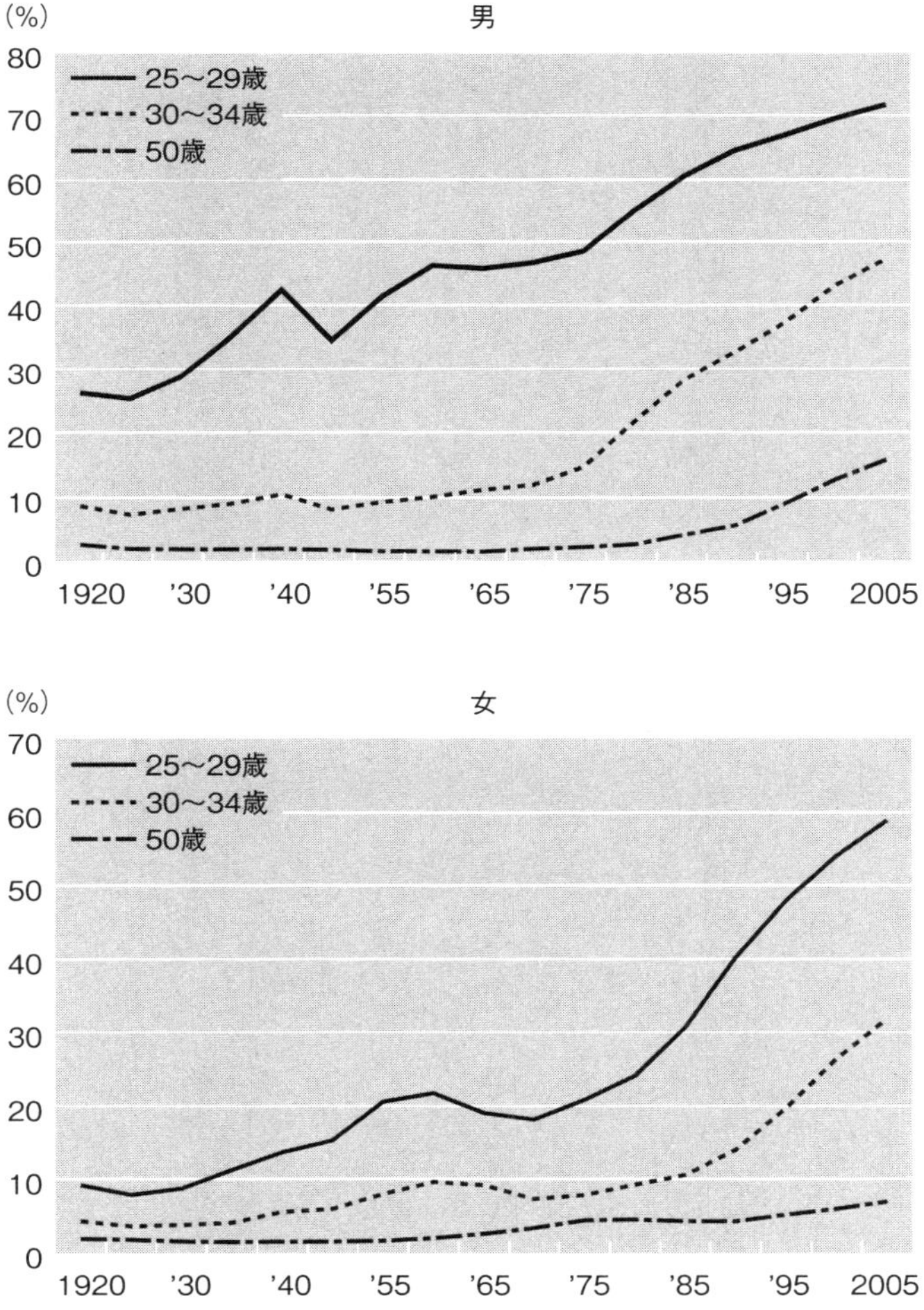

図表17　年齢別未婚率の推移
※出典：社会実情データ図録

これからの社会を支える若者がそのスタートでつまずいてしまい、雇用や結婚などさまざまな面で制約を受けていくとすれば、それはたいへん不幸な社会です。

若者に平等な労働参加の機会が与えられ、社会との関係や人との関わりのなかで生活を築いていける社会へと作り直すことが、若者の社会的孤立を防ぎ、ひいては増大している若年層の自殺リスクを抑制していくことにつながるのです。

第四章　自殺の地域差

自殺が多発する地域はあるのか

厚労省発表の人口動態統計では、居住地別に自殺者が集計されているため、都道府県ごとの自殺者数として公表されています。それでは、わが国の都道府県のなかでもっとも自殺者が多いのはどこでしょうか？

二〇一〇年の都道府県別の自殺者数（人口動態統計月報年計／概数）では、二八一四人で東京が最多の自殺者数を記録しています。以下、大阪（二〇九一人）、神奈川（一八九〇人）、埼玉（一六三九人）、愛知（一四三二人）、北海道（一三九二人）と、人口の多い大都市を抱える都道府県が上位を占めています。

逆に自殺者の少ない県は、鳥取（一四五人）、徳島（一五二人）、福井（一五八人）、島根（一八四人）といった、人口規模の小さな県が上位を占める傾向があります。

人口当たりの自殺者数が、地域ごとでよほど大きく違わない限りは、人口が多い地域ほど自殺者が多く見込まれるのは当然のことです。

自殺に関する地域データを比較して、自殺者の多い地域や少ない地域を明らかにするだけならば、このように実数としての自殺者数を単純に比べるだけでいいでしょう。しかし、地域間の自殺状況を比較して、どちらの住民のほうがより自殺しやすい状況下にあるか、さら

郵便はがき

料金受取人払郵便

小石川支店承認

1092

差出有効期間
平成24年7月
31日まで

112-8731

東京都文京区音羽二丁目
十二番二十一号

講談社
生活文化局

講談社+α新書係 行

愛読者カード

今度の出版企画の参考にいたしたく存じます。ご記入のうえご投函くださいますようお願いいたします（平成24年7月31日までは切手不要です）。

ご住所　〒□□□-□□□□

お名前《ふりがな》

年齢(　　　)歳

性別　1男性　2女性

★最近、お読みになった本をお教えください。

★今後、講談社からの各種案内がご不要の方は、□内に✓をご記入ください。　□不要です

TY 000050-1007

本のタイトルを
お書きください

a　本書をどこでお知りになりましたか。

1 新聞広告(朝、読、毎、日経、産経、他)　2 書店で実物を見て
3 雑誌(雑誌名　　　　　　　　　　)　4 人にすすめられて
5 DM　6 インターネットで知って
7 その他(　　　　　　　　　　　　　　　　　)

b　よく読んでいる新書をお教えください。いくつでも。

1 岩波新書　2 講談社現代新書　3 集英社新書　4 新潮新書
5 ちくま新書　6 中公新書　7 PHP新書　8 文春新書
9 光文社新書　10 その他(新書名　　　　　　　　　　)

c　ほぼ毎号読んでいる雑誌をお教えください。いくつでも。

d　ほぼ毎日読んでいる新聞をお教えください。いくつでも。

1 朝日　2 読売　3 毎日　4 日経　5 産経
6 その他(新聞名　　　　　　　　　　)

e　この新書についてお気づきの点、ご感想などをお教えください。

f　よく読んでいる本のジャンルは?(○をつけてください。複数回答可)

1 生き方/人生論　2 医学/健康/美容　3 料理/園芸
4 生活情報/趣味/娯楽　5 心理学/宗教　6 言葉/語学
7 歴史・地理/人物史　8 ビジネス/経済学　9 事典/辞典
10 社会/ノンフィクション

には、その要因は何かという問いに答えていくためには、自殺者数の単純な比較にはあまり意味がありません。

そこで、比較しようとする地域の人口を分母に、自殺した者の数を分子にした率（自殺率）を求めて比較する必要があります。一般的には、人口一〇万人当たりの一年間の自殺者数として自殺率を求めますが、あらためて自殺率の高い都道府県はどこか見てみましょう。

自殺率がもっとも高い県は、人口一〇万人当たり三三・一の秋田。以下、岩手（三二・二）、青森（二九・四）、新潟（二八・五）と続きます。これを見ると、大都市を含む都道府県ではなく、地方の人口の少ない県が上位に位置することが分かります。

また自殺率が高い県では、自殺しやすい年齢層である高齢者の割合が大きいという特徴があります。つまり、若者が集中する大都市を抱えた東京や大阪、あるいは神奈川などとは異なり、若者が都会へと流出し過疎化と高齢化が進んだ地方では、人口全体に占める高齢者の割合が大きくなり、そのことが地域全体の自殺率を押し上げている一因となっているのです。

このように自殺率は、その地域の人口の年齢構成の違いによって大きく影響されます。そのため、都道府県間など地域間の自殺状況を比較する場合には、単純な自殺率を用いた方法では限界があるといえます。

それでは、人口の年齢構成の違いによって影響を受けない工夫をしたうえで、地域ごとの自殺状況を比較する良い方法はないのでしょうか。

詳細な年齢調整死亡率で比べると

人口の年齢構成の違いによる影響を排除し、より正確に死亡状況の地域比較や年次比較を行える指標として、かねてより使用されてきたのが「年齢調整死亡率」です。これは自殺に限らず、がんや心臓病、脳卒中、交通事故といった、その他の死因にも適用されるものです。

この年齢調整死亡率という特殊な死亡指標が役に立つのは、人口の年齢構成を異《こと》にする都道府県間や市町村間で、死亡状況を比較しようとする場合においてです。さらには、高齢化が進んでいる状況下で、全国や都道府県別の死亡率の時代変化をとらえる場合などに有効です。

年齢調整死亡率では、ある一つの基準となる集団（基準集団）を決めておき、比較しようとする集団（観察集団）で現実に起きている死亡状況を、基準集団に当てはめた場合に、予想される死亡率（期待値）を求めます。このような操作によって、観察集団で起きている死亡状況が、もし基準集団で起きたと仮定した場合の死亡率を算出することができます。それ

	男	女
北海道	39.3	14.1
青森	54.3	14.2
岩手	52.6	14.6
宮城	40.6	11.7
秋田	53.4	16.7
山形	41.5	12.7
福島	45.9	14.1
茨城	38.9	11.3
栃木	39.7	14.9
群馬	41.3	13.0
埼玉	35.6	14.7
千葉	32.5	11.5
東京	31.5	14.2
神奈川	31.0	12.9
新潟	43.0	15.6
富山	41.5	14.3
石川	34.1	14.5
福井	40.8	11.4
山梨	39.1	13.8
長野	39.0	12.1
岐阜	33.4	11.3
静岡	32.5	9.8
愛知	32.1	10.7
三重	37.3	8.7
滋賀	29.9	10.7
京都	32.5	13.1
大阪	37.0	14.2
兵庫	34.5	12.3
奈良	29.8	11.5
和歌山	39.5	11.4
鳥取	38.1	12.7
島根	50.1	14.8
岡山	35.1	9.3
広島	37.7	11.9
山口	45.6	14.4
徳島	31.3	12.0
香川	29.5	12.9
愛媛	36.0	13.0
高知	44.5	15.1
福岡	37.8	11.3
佐賀	44.3	11.3
長崎	38.9	8.6
熊本	39.5	12.3
大分	39.5	10.4
宮崎	44.5	15.3
鹿児島	38.8	9.1
沖縄	47.0	14.0

図表18　都道府県別の自殺の年齢調整死亡率（人／人口10万人）（2009年）
※出典：自殺予防総合対策センター「自殺対策のための自殺死亡の地域統計1973-2009」

により、年齢構成の異なる集団間の死亡状況について、同じ土俵の上での比較が可能となるわけです。

自殺に関する年齢調整死亡率の都道府県別データが前ページ〈図表18〉です。男女とも一〇歳以上の自殺を対象として算出した値《あたい》となっています。

二〇〇九年のランキングで上位に位置する都道府県は、男性の場合、第一位の青森（五四・三）を筆頭に、秋田（五三・四）、岩手（五二・六）、島根（五〇・二）、沖縄（四七・〇）と続きます。女性では、秋田（一六・七）、新潟（一五・六）、宮崎（一五・三）、高知（一五・二）、栃木（一四・九）となっています。

このようにして、人口の高齢化など年齢構成の違いの影響を排除したうえで、自殺率を比較した結果から分かることは何か。それは、男女に共通して自殺の年齢調整死亡率が高い秋田県などでは、自殺率が高い理由として高齢者が多いということ以外に、何らかの要因が存在するという可能性です。

一方で、神奈川のように、年齢調整していない通常の死亡率（粗《そ》死亡率）で見ても、年齢調整死亡率で見ても自殺率が低率な県もあります。

現在にあっても、自殺の抑止に働く要因については明らかにされてはいません。しかし、自殺率が高率である県との比較や、さらには同じ県内の地域間比較などから、自殺率が低率である理由が明らかにされれば、日本の自殺率低下に向けて大きな一歩になるはずです。

地域特性を知ることが防止に

近年、自殺を地域の保健課題としてとらえ、解決に向けた対策を行うことへの理解が進むにつれて、自殺に関連した地域分析が行われるようになってきました。

自殺予防総合対策センターのホームページには、地域の自殺対策を講じていくうえで活用できる統計情報が掲載されています。これは統計数理研究所の藤田《ふじた》利治《としはる》先生らによって作成された、自殺に関する地域統計について、自殺手段、配偶関係、職業などの諸点からまとめられたものです。こうしたデータを活用することで、地域の自殺実態の解明がより進み、具体的な対策の推進が期待できます。

また、自殺が特定の地域で多発しているような空間的（地理的）な集積性、さらには、ある一定の期間に自殺が集中する時間的な集積性が認められる場合には、その地域や時期に共通した、自殺のリスク要因の存在が疑われます。

そのようなリスク要因を探り出すためには、自殺との関連が想定されるさまざまな要因を精査しなければなりません。すなわち景気指標や雇用指標、さらには産業構造や労働状況などを含めた社会・経済要因、人口や配偶者あるいは世帯関係などの人口・世帯要因、精神医療の現状や保健福祉サービスの利用度などの保健・医療要因など、多岐にわたる社会要因について自殺との関連を研究することが必要なのです。

なお、都道府県間や同じ県内の市町村間など、地域間の自殺率に違いが認められることについては、その実態や原因究明に向けた研究がこれまでにも行われてきました。

東京大学大学院の川上憲人《かわかみのりと》博士は、かつて岡山大学で研究を進められていた頃に、「わが国における自殺の現状と課題」という論文のなかで、自殺と地域特性の関連について触れています。

そこでは、一九九八〜二〇〇〇年の都道府県別の自殺率と、社会・経済指標との相関（二つの変数間の関係性を数値化した指標）を観察する、「地域相関分析」という手法を用いて、完全失業率の高さや世帯主の収入の低さなどが、男性の自殺率の高さと相関を示すことを明らかにしています。

地域相関分析の結果、相関関係が認められた要因が、すぐさま自殺の原因であると断定することはできません。しかし過去の同様の研究からも、低収入や失業率の高さ、景気の低迷といった社会・経済指標が、自殺率の高さと相関を示すことは分かっています。したがって自殺率の高低には、その地域の住民を取り巻く経済環境の違いが、要因の一つとして影響している可能性は高いと考えられます。

私たちも山梨県精神保健福祉センターとの共同研究で、山梨県内の市町村を対象とした地域相関分析を行いました。

その結果、自殺率との相関関係が明らかになった要因として、生活保護世帯率の高さや課税対象所得の低さといった経済要因に加えて、老年人口割合（六五歳以上人口の割合）や、高齢者の単身世帯率、配偶関係（離別率、死別率）などの人口・世帯要因が浮かび上がってきました。これらの分析結果から、山梨県では、脆弱《ぜいじゃく》な経済基盤や高齢者の孤立化、孤独化などが、自殺率の高さと関連しているのではないかと考えられます。

さらに、統計学的には有意な相関を示してはいませんが、うつ病などの精神疾患による受療率が低いことや、精神保健相談の件数が少ないことなども、自殺率の高さと相関傾向が見られました。

このことは、うつ病をはじめとする精神疾患の受療を促進する取り組みや、自治体が行っている精神保健相談、職場などで実施されるメンタルヘルス相談などの充実を図ることが、自殺対策の有効な手立てとなり得ることを示しています。

この研究は、山梨県という限定した地域の自殺の実態と、その地域のさまざまな要因との関係を分析するなかから、自殺との関連がありそうな要因を見つけ出すことを目的として行われています。ただし、この研究を通して浮かび上がった要因については、自殺との因果関係を証明するものではないので、さらに確証を得るための研究を進めていく必要があります。

しかしながら、地域単位での自殺の分析方法として、地域相関分析が有効な手法であり、そこには全国と比べて高齢化が先行している山梨県の自殺の特徴が強く表れていると、私たちは考えているのです。

派遣労働者の多い地域では

自殺を地域課題としてとらえて、各地の実情に合わせた対策を講じていく際、念頭に置いておくべきことがあります。それは、これまでの都道府県別といった大きな単位ではなく、従来ほとんど手がつけられてこなかった市町村別、医療圏別、警察署所轄《しょかつ》域別といった、より小さな地域を単位として扱うことです。

なぜならば、小さな単位での自殺動向や関連要因を分析することで、より詳細な地域の実情が明らかにできるからです。

自殺防止活動に取り組むＮＰＯ法人「ライフリンク」の自殺実態解析プロジェクトチームは、「無職者」「被雇用者」「自営業者」別の警察署ごとの自殺者数についてまとめ、上位にランキングされた地域の特徴について分析しています。

それによると、全国の一三八七ヵ所の警察署で把握された自殺について、上記の分類別に並べた結果から、被雇用者の自殺が多い上位五〇位までの地域の特徴として、企業の工場などの施設がある工場地域が多く含まれていることが指摘されています。

また、こうした工場地域や近接する地域には、下請けや孫請け企業に派遣された労働者が集まるという地域特性があるため、派遣労働者を含むさまざまな被雇用者の労働条件や不安定な身分などから、地域の自殺との関連性を推測できるとしています。

さらには、一九九八年以降の第三流行期の自殺者の動向が、こうした自殺率の高い地域でより増加していることも指摘されており、経済不況の煽《あお》りを受けやすい地域特性と自殺との関連が示されているといえます。

このように小地域を単位としたデータ分析は、従来の都道府県などの大規模な行政区を単位とした分析からは見えてこなかった、自殺の実態と関連要因との関係性を追究できる可能性を秘めているといえます。

日照時間が短いと自殺が増える？

自殺に地域差が見られることに関して、社会要因とは異なるまったく別角度の視点からの研究もあります。

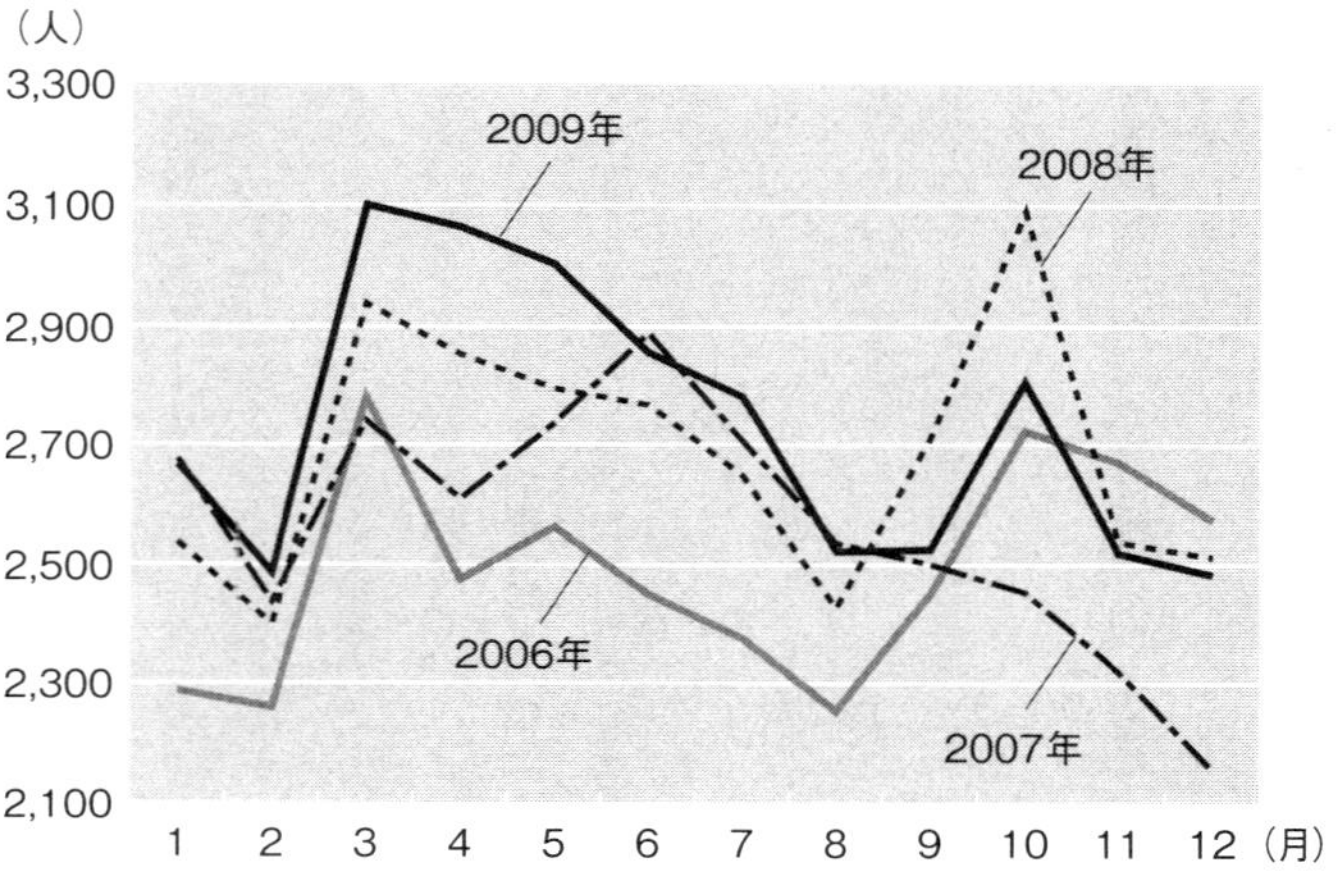

図表19　月別の自殺者数
※出典：厚生労働省「人口動態統計」

たとえば、日照時間の短さが自殺率の高さと関連しているといった研究です。確かに、秋田、青森、岩手など、日照時間が短い東北地方の県の自殺率は高い傾向にあります。しかしながら、宮崎、沖縄などのように、日照時間が長くても自殺率の高い県もあるため、日照時間と自殺との関連性を単純に肯定することはできません。

また産業医科大学の江頭《えがしら》和道《かずみち》氏らは、冬季の日照時間が少ない北海道や北陸地方では、二月末から四月にかけての春先の自殺率の増加が日照時間の増加と関連している、と述べています。わが国の自殺者の季節変動を見ても、日照時間が短い冬季よりも、春先の三月から五月にかけてのほうが自殺が増加しています（〈図表19〉参照）。

この時期は、新年度からの入学や入社、転勤といった環境の急激な変化から体調を崩しやすい時期ですし、いわゆる五月病と呼ばれるように、うつ傾向の強まる時期でもあります。したがって、こうした自殺の季節変動から見ても、日照時間が自殺の関連要因であるといった単純な議論はできないことが明らかです。

同じように、かつて北欧諸国の自殺率の高さは日照時間の短さと関連しているという説もありました。しかし、ノルウェーの自殺率は隣国フィンランドのそれよりもかなり低いことから、その説にも明白な根拠はなかったのです。

他方、近年になって、自殺との関連が深いうつ病の発症が、日照時間の短い冬季に多くみられることが報告されています。また、日照時間の不足がうつ病患者の記憶力低下や、その他の認知障害と関連していることや、低下した認知機能が日光を浴びることによって高まり、改善することなども報告されています。

こうした現象には、脳内の神経伝達物質であるセロトニンやメラトニンなど、気分や睡眠などと関連する物質の、脳内でのレベルが関与していると考えられます。日照時間がうつ病に大きな影響を与えているとすれば、間接的に自殺とのかかわりも深いということですから、脳科学分野からの自殺予防に向けた研究の進展も待たれるところです。

山梨県は日本一の自殺県か

警察庁から全国の都道府県別の自殺率が発表され、そのランキングが新聞紙上などマスコミに取り上げられるたびに、必ず話題に上るのが山梨県です。「自殺率日本一の山梨県」「山梨の自殺　四年連続ワースト一位」といったニュースをご覧になったこともあるでしょう。

ところが先に挙げた厚労省の自殺率ランキングでは、秋田、岩手、青森、新潟の各県がワースト上位県でした。実際、二〇一〇年の秋田の自殺率は人口一〇万人対で三三・一と、前年比で五ポイント以上減少したものの、一六年連続でワースト一位を記録しています。ではなぜ、一方で山梨県の自殺率も一位と報道されるのでしょうか。

警察庁が毎年発表している自殺の概要資料によると、山梨県の二〇一〇年の自殺率は確かに全国でもっとも高く、四一・六でした。

しかし注目してもらいたいのは、自殺者数三五九人のうち、県外に居住する者と身元が判明しない不明者の合計が、一二二人にも上っている点です。つまり、山梨県で発見された自殺者の三人に一人は地元の山梨県民ではなく、県外からの来訪者か、または身元不明者ということになります。

このように警察庁の自殺統計では、遺体が発見された場所、つまり自殺と確認された場所を所轄する警察署ごとに自殺死亡者数が集計されているため、県外から来訪した自殺者なども含まれてしまいます。一方、厚労省の発表する人口動態統計では、自殺者の居住地ごとに集計しているため、身元が明らかな山梨県内の居住者が自殺した場合にのみ、カウントされるのです。

ですから、警察庁の発表による自殺率を採用すれば、日本一の自殺率を記録する都道府県は山梨県ということになるわけです。

さて、山梨県のこの自殺率が日本一である背景には、山梨県が抱えている特殊な事情があります。

毎年、大勢の観光客や登山客で賑《にぎ》わう富士山の山麓《さんろく》には、豊かな自然を誇る青木ヶ原樹海が広がっています。富士山北麓《ほくろく》に、およそ三〇〇〇ヘクタールの広さを持つこの森林地帯の周辺には、新緑や紅葉のシーズンだけでなく、夏の清涼を求めて、また隣接する西湖《さいこ》や本栖《もとす》湖《こ》など富士五湖周辺の自然を満喫するために、多くの観光客が訪れます。

しかし一方で、この樹海には、いつの頃からか自殺を企図《きと》した人たちが大勢集まるようになったのです。

一説には、松本清張《まつもとせいちょう》氏が一九五九年から翌年にかけて発表した小説『波の塔』のなかで、不倫の末に自殺を企図した婦人が、死に場所として選んだのが青木ヶ原樹海であったことから、一躍名所になったという話もあります。その真偽のほどは分かりませんが、少なくとも所轄署である富士吉田警察署が、一九七一年に地元の消防団などと合同で一斉捜索を開始したことを考えると、それ以前には、すでに名所化していたのだと思われます。

青木ヶ原樹海を管轄《かんかつ》する富士吉田警察署管内の自殺者発見数は、発見地の所轄署別では日本一です。また、内閣府自殺対策推進室のホームページに掲載された資料によると、二〇〇五年の自殺企図者の発見および保護数一六六件のうち、一二五件が樹海のなかでした。二〇〇六年も一四五件のうち一一五件が、二〇〇七年も一七〇件のうち一二六件が樹海内だったのです。

そして、二〇〇七年に樹海内で保護された一二六人のうち、何と一二〇人は山梨県外からの来訪者でした。

このように、県外からの多くの自殺企図者が集まる青木ヶ原樹海を抱えていることが、山梨県が自殺率日本一である背景にあります。

現在、山梨県や所轄する警察署はもとより、地元の自治体や観光業者など多くの人たちが、この問題の解決に向けて協力し、そして一人でも多くの大切な命を救うため、必死の水際作戦を展開しています。なお、青木ヶ原樹海での自殺対策の取り組みについては、第六章で詳しく紹介したいと思います。

都会型と田舎型の違いとは

自殺の地域差の話に戻しましょう。自殺の研究を進めるなかで、私たちの研究グループでも自殺率の地域差については注目していました。そこで、先に述べた自殺のＡＰＣ分析の結果を基に、自殺リスクが高い年齢、時代、世代という視点から、都道府県レベルでの類似性について分析してみることにしました。

ＡＰＣ分析とは、すでに第三章で解説したように、一定期間の自殺率の推移に対する影響を、年齢、時代、世代の三つの要因に分解して、それぞれの要因がどの程度、自殺リスクの増大や低減に関係していたのか、その効果の大きさを評価する方法です。

私たちは、都道府県ごとの一九九五〜二〇〇六年の自殺率の推移についてＡＰＣ分析を行いました。その分析結果から、年齢、時代、世代の各要因の自殺リスクへの影響を比較して、都道府県間での類似性について調べてみました。

第三流行期の自殺の動向に対して、自殺リスクの高い年齢層や低い年齢層が類似していた都道府県はどこなのか？　同様に、同じ時期に自殺リスクが増大し、または低減した都道府県はどこなのか？　そして、自殺リスクの高い世代が類似している都道府県はどこなのか？　こうした観点から都道府県の類似性を見ることにしたのです。

類似性を見極める方法として、「クラスター分析」という手法を採用しました。自殺リスクに対する影響は、年齢、時代、世代ごとに効果曲線として表されています。そこでこの手法によって、その形（変化パターン）がもっとも類似した二つの都道府県を結合して一つにまとめます。同じやり方で似た者同士を次々と結合し、四七の都道府県を数個のクラスター（塊《かたまり》）にまとめることを目指したのでした。

つまり、まとめられた一つのクラスター内に含まれる都道府県は、自殺リスクに対する影響がよく似た地域特性を示す地域であると考えられます。

クラスター分析の結果、確認されたのが、「都会型」と「田舎型」とでも呼ぶべき地域差でした。

たとえば、人口が九〇万人を超える大都市を抱えた都道府県では、例外はあるものの、同一のクラスターに分類される傾向が強い。つまり、大都市の存在する都道府県では、共通した自殺リスクのパターン（「都会型」）が見られたのです。

一方で、人口規模が小さい都道府県も、自殺リスクのパターンに類似性がある（「田舎型」）ことが分かりました。

それでは、「都会型」と「田舎型」の自殺では、年齢、時代、世代の影響として、どのような違いがあるのでしょうか。

「都会型」の特徴をまとめてみると、男性の場合、年齢効果は五〇歳代後半を中心に自殺リスクが高まっており、それよりも年齢の高いところではリスクが低減していくパターンを示していました。また時代効果では、一九九八年に自殺リスクが飛び跳ねるように急に高くなり、その後はリスクが高止まりの状態で推移しているパターンが見られました。

世代効果では、大都市を含む都道府県が一つのクラスターを形成する傾向は弱く、いくつかのクラスターに分散しています。ところが埼玉、千葉、北海道の「都会型」都道府県になぜか秋田が加わったクラスターでは、一九五三年生まれ前後の出生コホートを境として、それまで低減してきた自殺リスクが増大する方向に転換していることが、はっきりと見て取れました。

また、兵庫、愛知、大阪、京都、東京を含む「都会型」クラスターでも、変化の程度こそ弱いものの、前述の埼玉、千葉、北海道のクラスターと類似した変化を示していました。

次に、女性の「都会型」の特徴としては、年齢効果は男性と同様に五〇歳代後半で高くなっていますが、高齢層においても高い自殺リスクを維持していて、高齢層ではリスクが低減する男性とは明らかに異なっていました。

また時代効果も、男性と同様に一九九八年に増大してはいますが、極端にジャンプアップするほどの急激かつ大きな時代影響は受けていませんでした。

さらに世代効果は、一九五七年生まれ前後のコホートを境として、それまで低減してきた自殺リスクが増大に転じていることが分かりました。

このように、男女間で影響の大きさには幾分の違いが見られるものの、「都会型」に分類された都道府県の自殺リスクに対する年齢、時代、世代の影響は、比較的、共通した特徴を示していました。

大都市と地方で異なる傾向

一方、「田舎型」の都道府県の類似性についてはどうでしょうか。「都会型」以外の都道府県を一括して「田舎型」としてしまうのは少し乱暴ですが、「都会型」クラスター以外のクラスターを「田舎型」と呼ぶことにして、その特徴を見ていきましょう。

男性の年齢効果において、「田舎型」クラスターは三つに分類されました。そのうちの一つは、五〇歳代後半のピーク後の高年齢層におけるリスクの低減が「都会型」と同程度であったのに対して、残り二つの「田舎型」では、高齢層のリスクの低減が「都会型」よりも幾分大きいという特徴が見られました。

つまり、五〇歳代を中心とした中年男性のリスクの高さは、「都会型」「田舎型」ともに共通していますが、高齢者の自殺リスクも比較的高く維持されているのが「都会型」の特徴といえます。

次に時代効果ですが、宮城県だけは仙台市を抱えているにもかかわらず、青森、佐賀、長崎、熊本と同じ「田舎型」クラスターに分類されました。しかし、一九九八年に自殺リスクが急増した「都会型」と極めて類似したパターンを示しています。ただ、二〇〇三年以降にリスクの高止まり傾向が見られた「都会型」に対して、なおも高い時代的リスクが継続しているという特徴が見られます。

一方、もう一つの「田舎型」のクラスターでは、第三流行期が始まる以前より、すでにじわじわと自殺リスクが増大していました。一九九八年には「都会型」のように急激にリスクが増大しますが、二〇〇〇年以降は横ばいで推移するのではなく、近年に至るまで漸増《ぜんぞう》し続けているという特徴があります。

世代効果に関しては、「田舎型」のクラスターに分類された都道府県では、「都会型」のように世代によって自殺リスクが大きく変化することはなく、世代間であまり大きな差がない特徴を示していました。

女性の「田舎型」の特徴は、年齢効果曲線は平坦で、年齢によって自殺リスクに大きな差がないこと。時代効果についても効果曲線は平坦を示し、時代によって自殺リスクはほとんど影響を受けなかったことが分かります。また世代効果は「都会型」と大きく異なり、自殺リスクは基本的には、後年生まれの世代ほど低減した特徴を示していました。

このように、クラスター分析の結果、自殺リスクの増減に与える年齢や時代、世代の影響の仕方が、大都市を抱えた都道府県と人口規模の小さい都道府県では異なる特徴を示すことが明らかになりました。

つまり第三流行期の自殺は、都会と地方では様相を異にしているところがあるわけです。この結果から考えられるのは、それぞれの地域で自殺と関連する要因が異なっているのではないか、あるいは同じ要因であっても、その影響の大きさが異なっているのではないかということです。

「都会型」の都道府県では、一九九八年の急激な経済環境の悪化によって、自殺リスクが劇的な高まりを見せました。そして、そのターゲットが中高年男性であったことを最大の特徴としています。

一方で、「田舎型」の都道府県では、一九九八年以前から、バブル経済崩壊後の低調な経済環境が、中高年男性を中心にじわじわと自殺リスクを増大させました。そして回復傾向の見えない地域経済の沈滞が、近年に至るまで大きく影を落としてきたと考えられます。

こうした地域の特徴の差が都道府県単位で見られることは、自殺対策を講じていくうえで、より詳細な地域分析を行っていく必要性を示しているといえます。

第五章　男はなぜ女よりも自殺するのか

圧倒的に多い男性の自殺者

男性と女性の違いを「性差」といいます。性差には二種類あり、生物としての雌雄《しゆう》の違い、すなわち身体的特徴や性ホルモンの働きの違いなどを「生物学的性差」といい、それに対し男女の社会的、文化的な違いや行動特性の違いなどを「社会的性差」といいます。

それでは自殺や自殺関連行動には、こうした性差がどのようにかかわっているのでしょうか。自殺率や自殺未遂率、うつ病の発症率など、性別によってかなり頻度《ひんど》が異なっていることから関心のあるところだと思います。

うつ病の発症率が男女で異なっていることについて、女性ホルモンの影響があると論じる専門家もいます。しかし、うつ病が、さまざまな社会要因や対人関係などのストレスといった多くの要因が複雑に絡《から》み合って生じることを考えると、生物学的な性差の視点から単純に論ずることができないのは明らかです。

自殺に対しても、生物学的性差がどのように影響するのかについては、ほとんど分かっていないのが実際のところです。

一方で、男女の社会的な役割の違いや、生活習慣にかかわる行動特性の違いなど、社会的性差の観点から男女の自殺率の違いについて論じられることがあります。ただし、こちらも個人の特性が大きく関与しているため、自殺の性差についてはっきりと断言できるまでには至っていません。

そのため本章では、自殺の性差について、これまでに論じられてきたことを中心にまとめてみることにしました。

五七ページの〈図表7〉には、わが国の第二次大戦後の自殺率の推移を男女別に示してあります。この図を見ていただくと明らかなように、女性の自殺率が男性を上回った年は一度もありません。男女の自殺者数の比（死亡性比）を見ても、年によって多少の変動はあるものの、男性の自殺者数は女性のおおよそ二～三倍となっています。

男性の自殺者が女性を上回る状況は、何も日本だけに限ったことではありません。世界の主要な国の統計でも、ほとんどの国や地域で男性の自殺者数が女性を上回っています。

逆に、女性の自殺者数が男性を上回っている数少ない国が中国です。中国では年間に約二八万人あまりの自殺者が報告されていますが、農村部では都市部の三倍の自殺があるといわれ、また女性の自殺者は男性を二五パーセントも上回っています。

農村部の女性は、農薬や殺鼠剤《さつそざい》を飲んで自殺することが多いとの報告があり、年齢的には若い女性の自殺が多いことも特徴です。その理由について、二〇〇六年にイギリスのＢＢＣで放送された番組のなかで、北京農家女性文化発展センターの許容氏は、中国の伝統的な結婚制度が、若い女性にとって精神的な重圧となっていることを指摘しています。

男性の自殺が多数である傾向は、世界にほぼ共通して見られますが、国別に自殺者の死亡性比を見ていくと、日本を含めたアジア諸国は比較的、女性の自殺者の割合が高いほうに属しています。逆に、旧ソビエト社会主義共和国連邦に属していた諸国や東欧諸国では、男性の自殺者割合がかなり高いことが報告されています。このように、地域や国によって自殺者の死亡性比には大きな違いがあるのです。

国別の自殺率の違いは、その国の政治状態、宗教などの文化的背景、さらには教育、生活様式など、さまざまな要因が関係していると考えられます。それでも多くの国で共通して、女性よりも男性のほうに自殺者が多い背景には、何か理由があるのでしょうか。

完遂する男と未遂で終わる女

自殺者は明らかに男性のほうが多いのですが、自殺未遂者の数となると、その状況は逆転します。

ここに、岩手県の高度救急救命センターに収容された、自殺企図《きと》者二八五人についての分析結果があります。岩手医科大学の酒井《さかい》明夫《あきお》教授によると、男性では自殺企図によって収容された一一七人中、二四人が既遂《きすい》者で、その割合が二〇・五パーセントだったのに対して、女性の既遂者は一六八人中、一九人で、割合は一一・三パーセントでした。これを見ても、男性のほうが自殺を完遂《かんすい》する割合が高いことが分かります。

また、収容者の平均年齢は男性のほうが高く、動機についても、男性は女性に比べて「幻覚妄想」や「仕事」の割合が高い一方で、「対人関係」の割合が低い傾向にあります。

また自殺手段としては、男性では「大量服薬」の割合が少なく、致死性が高く完遂しやすい「首つり」や「排気ガス」「焼身」などを選択する傾向が強く出ています。自殺行動にも性差が見られるわけです。

同様にアメリカでも、致命的になりにくい「服毒」が女性の自殺手段の二六パーセントであるのに対して、男性ではわずか六パーセントにすぎません。そして逆に、致死性が高い「銃器」（六三パーセント）や「首つり」（一七パーセント）が、男性では自殺手段として多く選択されることが知られています。

また感染症対策の総合研究所であるＣＤＣ（アメリカ疾病《しっぺい》予防管理センター）も、アメリカにおける二〇〇五年の銃による死亡者約三万一〇〇〇人のうち、五五パーセントが自殺であり、他殺の四〇パーセントを上回っている現状を報告しています。

このように男女での自殺手段の選択の違いが、男性の自殺完遂率を高め、その結果、自殺率が女性を上回ることにつながっていると考えられます。

女性が発するヘルプサイン

産業医科大学の織田進《おだすすむ》教授らは、選択される自殺手段の男女差は、自殺目的の違いを示唆していると指摘しています。つまり女性の場合、自殺を企図することで周囲の人々の変化を強制し、助けを求めているとも考えられる、と述べています。

また、向精神薬の大量服用やリストカットを繰り返すなど、自殺関連行動はそもそも女性に多い傾向があります。都立松沢病院の林直樹《はやしなおき》先生の研究によれば、自殺未遂や自傷行為といった自殺関連行動によって入院した患者の約六割が、「境界性パーソナリティ（人格）障害」と診断され、その診断率は男性の四一パーセントに対して、女性では六七パーセントと大きく上回っているのです。

境界性パーソナリティ障害の患者は、激しい怒りや抑うつ（とくに慢性的な空虚感）、焦燥などの著しい気分の変動が前景にあり、また対人関係では孤独に耐えられず、周囲の人々を感情的に強く巻き込み、過剰な理想化やその逆の過小評価を見せます。このような動揺によって、患者はしばしば自傷行為や自殺企図、または浪費などの衝動的行動や薬物常用に走るとされており、女性にやや多い障害だとされています。

自殺未遂者の多くが過去に未遂経験を持つことからも、女性の自殺企図者のなかには、こうした疾患を背景に薬物やリストカットといった比較的、致死性の低い手段を用いてヘルプサインを繰り返し発信する人も、かなり含まれていると推察されます。

また、織田教授らはストレスへの対処法にも性差があるとして、「女性は生まれたときから依存的な地位に甘んずることも経験しているため、助けを求めることも許容できるが、男性は助けを求めたり、自分の弱さをさらけ出すことを許容し難《がた》く、社会の非難や自分の臆病さを恐れて、社会通念上、自主自立、強靭《きょうじん》さ、感情表現を避けることなどが求められる」と述べています。

もちろん、一人ひとりの生い立ちや境遇、性格の違いなどを考えると、一概にはいえないでしょう。しかし、内閣府の行った自殺対策の意識調査でも、悩みやストレスを抱えたときに助けを求めることを「恥ずかしい」、もしくは「どちらかといえば恥ずかしい」と回答した人の割合は、女性の一一・五パーセントに対して、男性では一九・七パーセントと上回っていることが明らかにされています。

やはり男性は女性よりも、周囲にヘルプサインを発信しにくいのかもしれません。このような男女でのストレスへの対処の仕方の違いも、自殺や自殺関連行動の性差に大きく関係していると考えられます。

うつ病と性差に関係はあるのか

精神疾患のなかでも、とくに、うつ病は自殺と密接な関係があります。うつ病と自殺の関連について精神医学的な見地から解説された文献や成書はたくさんありますので、ここではうつ病を性差の視点から取り上げてみたいと思います。

うつ病は、強い抑うつ気分、興味や喜びの喪失、食欲の減退、睡眠障害、気力の減退、強い罪責感、思考力や集中力の低下、死への思いなどの症状を示すほか、身体の不定愁訴《ふていしゅうそ》や被害妄想などの精神病症状も認められることがある精神疾患です。

そもそも、うつ病では、身体症状を主訴《しゅそ》として内科や心療内科などを受診されている人も大勢いることが分かっています。ゆえに、社会のなかでうつ病の人がどのくらいいるのか、正確に把握することは困難といえます。

わが国のうつ病の有病率については、いくつかの推計データが存在します。そのうちの一つ、二〇〇二年に行われた厚生労働省の調査によれば、生涯有病率が約六・七パーセントと推計されています。つまり、この数値から考えると、一五人に一人は生涯のうちにうつ病にかかる計算となります。

また、うつ病はさまざまな疾患と複合したかたちで存在していることが多く、たとえば薬物乱用やアルコール依存症などと結びついたうつ病は、もっとも自殺へのリスクが高い状況にあるとされています。

うつ病を発症する危険因子としては、離婚や死別、事故といったストレスの原因となる出来事をはじめ、被虐待、被暴力体験など心的外傷（トラウマ）となる出来事が挙げられています。

うつ病の発症には性別や年齢も関係しており、女性は男性の約二倍、うつ病になりやすいといわれています。女性にうつ病が多いのは世界的に共通したことですが、男女差の原因としては、女性ホルモンによる影響も一因であると考えられています。

女性ホルモンであるエストロゲンは、脳内のセロトニン系の神経機能と関連があるとされており、エストロゲン・レベルが増大することでセロトニンの分泌をうながし、その結果、気分の高揚や意欲の増進といった、抑うつ感を抑える働きがあるとされています。月経前症候群や産後うつ症など、女性に特有の精神症状の背景にも、こうした女性ホルモンが影響しています。

このように、うつ病の発症には思春期以降の女性ホルモンの変調や、妊娠・出産を経験するなど女性に特有の危険因子が存在すること、あるいは男女の社会的役割の違いなどが関係してくると考えられています。

ところが、うつ病は女性に多いにもかかわらず、その一方で、自殺は男性が女性を上回っている。自殺者のすべてが、うつ病やうつ状態でないのは確かですが、うつ病であることは病院の受療歴から把握されるので、受療行動が男女で異なることが影響している可能性もあります。

つまり女性の場合は、前述したように、悩みを打ち明けるなど誰かに頼る行動を男性よりも取りやすい傾向があるため、うつ病に関しても、精神科などで比較的受療しやすいのです。一方、男性では、ほかの健康問題や経済問題などで悩んでいても、それがうつ病やうつ状態であることを本人が十分に自覚していないために、受診の機会を逃している人も多いのではないかと考えられます。

なぜ男女比が年齢で異なるのか

男女の自殺者割合は、年齢によっても大きく異なってきます。〈図表20〉には、二〇〇九年度の年齢階級別・性別自殺者数の構成割合を示していますが、この図からも見て取れるように、男性の割合がもっとも高い年齢層は五〇歳代で、その男女比（死亡性比）は、おおよそ女性一に対して男性四の割合となっています。

死亡性比は、四〇歳代でも女性一に対して男性三・二、六〇歳代でも二・六といずれも男性の割合が高いのですが、八〇歳以上となると一・二と小さくなり、男女の自殺者数があま

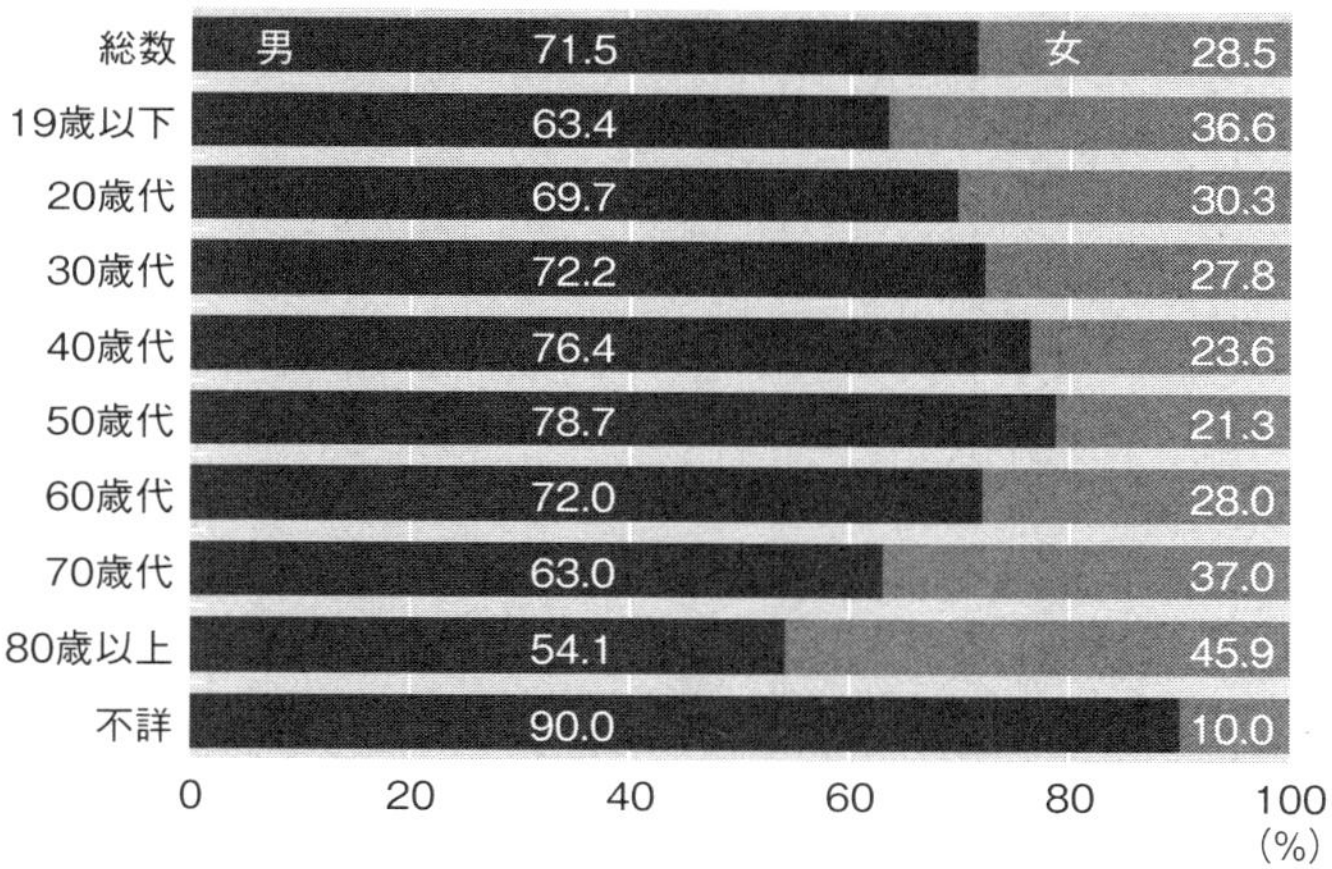

図表20　年齢階級別・性別自殺者数の構成割合（2009年）
※出典：内閣府「平成22年版 自殺対策白書」

り変わらなくなってきます。一方、若年層でも、二〇歳代では男性二・三と性比はやや小さくなっています。

高齢になって死亡性比が小さくなるのは、平均余命の男女の違いから、高齢になるほど長生きである女性の人口割合が大きくなることとも関係しています。しかしながら、年齢によって死亡性比が大きく変化する背景には、それぞれの年齢層において、自殺の動機や原因が男女で異なっていることも影響しています。

たとえば、第三自殺流行期の主役である五〇歳代を中心とした中高年層では、就業している人の割合や就業の仕方（正規雇用かパートか）などの点において、男女で大きく異なっています。

近年は女性の社会進出が加速しましたが、それでも中高年層においては専業主婦やパート従業員といった立場の女性が多く、正規雇用者は少数です。そのため、過重労働や複雑な職場の人間関係、さらには転職や失業といった、就業と関連したさまざまな種類のストレスが引き金となって起こる自殺は、男性に多く見られるわけです。

それではより詳しく、自殺の原因や動機が年齢によってどのように異なっているかについて見てみましょう。

男女別に見た原因・動機別の自殺件数（二〇〇九年）からは、男性の自殺割合が高い五〇歳代では、「経済・生活問題」「健康問題」「勤務問題」「家庭問題」と続きます。それに対して女性では、「健康問題」「家庭問題」「経済・生活問題」の順となっており、男性では「経済・生活問題」が、より優位な原因・動機となっていることが分かります〈図表21・22参照〉。

男性の自殺割合が高い四〇歳代でも、同様に「経済・生活問題」が自殺の原因・動機として、やはり優位な傾向にあります。

一方、女性の場合、幅広い年齢層で「健康問題」が優位を占めています。つまり、男性でも上位にランクされる傾向にある健康問題は、比較的、男女差が小さい動機だといえます。

また、「経済・生活問題」は、中高年の男性にとって、かなり重くのしかかった問題となっ

男

	19歳以下	20歳代	30歳代	40歳代	50歳代
1	学校 100	健康 752	健康 1,279	経済・生活 1,694	経済・生活 2,552
2	健康 81	経済・生活 461	経済・生活 1,051	健康 1,364	健康 1,729
3	家庭 49	勤務 392	勤務 555	勤務 557	勤務 545
4	その他 33	男女 242	家庭 414	家庭 496	家庭 507
5	男女 29	家庭 214	男女 215	その他 147	その他 200
6	勤務 16	学校 165	その他 188	男女 116	男女 72
7	経済・生活 15	その他 150	学校 4		

	60歳代	70歳代	80歳以上	不詳	合計
1	健康 1,964	健康 1,440	健康 850	その他 3	健康 9,460
2	経済・生活 1,558	家庭 312	家庭 203	経済・生活 2	経済・生活 7,634
3	家庭 493	経済・生活 272	その他 90	健康 1	家庭 2,688
4	その他 196	その他 124	経済・生活 29		勤務 2,270
5	勤務 185	勤務 18	勤務 2		その他 1,131
6	男女 25	男女 11	男女 2		男女 712
7		学校 1			学校 270

図表21　自殺者の年齢階級別（10歳階級）・自殺の原因・動機別件数（2009年・男性）

※出典：内閣府「平成22年版 自殺対策白書」

女

	19歳以下	20歳代	30歳代	40歳代	50歳代
1	健康 92	健康 661	健康 896	健康 831	健康 923
2	学校 55	男女 145	家庭 213	家庭 240	家庭 216
3	家庭 35	家庭 121	男女 141	経済・生活 154	経済・生活 173
4	男女 25	勤務 79	経済・生活 114	勤務 58	その他 55
5	その他 22	経済・生活 67	勤務 67	男女 52	勤務 30
6	勤務 7	その他 48	その他 51	その他 45	男女 25
7	経済・生活 4	学校 37	学校 1	学校 1	

	60歳代	70歳代	80歳以上	不詳	合計
1	健康 1,193	健康 1,047	健康 764	経済・生活 1	健康 6,407
2	家庭 235	家庭 199	家庭 170		家庭 1,429
3	経済・生活 144	その他 85	その他 102		経済・生活 743
4	その他 74	経済・生活 65	経済・生活 21		その他 482
5	勤務 14	男女 5	男女 4		男女 409
6	男女 12	勤務 2	勤務 1		勤務 258
7					学校 94

図表22　自殺者の年齢階級別（10歳階級）・自殺の原因・動機別件数（2009年・女性）

※出典：内閣府「平成22年版 自殺対策白書」

ていることが推察されます。

内閣府経済社会総合研究所が行った、一九九八年以降の「経済・生活問題」から自殺に至った事例の分析調査によれば、具体的な原因・動機として、「自社の倒産・廃業（多くの事例で債務返済難）」「失業および再就職難」「収入減少、他者の債務保証等」「仕事の質・量の変化（過大な責任、長時間残業）」などが典型例として指摘されています。

また、年齢階層別のデータを基にした統計的な検証からは、長期失業者などを含む失業要因が、一九九八年以降、中年層の男性を中心に自殺率を増加させてきた大きな要因であることが明らかにされています。

一方、若年層の自殺者の死亡性比は比較的小さくなっていますが、一〇代から二〇代の原因・動機別の自殺状況からは、「男女問題」や「家庭問題」、さらには一〇代では「学校問題」などの理由が多いことから、これらの原因・動機については男女差がそれほど大きくないことが考えられます。

地域との結びつきが弱い男性は

自殺と関連する社会要因のなかでも、とくに性差の視点から考えなければならない大切なことの一つが、「社会的孤立」です。

前述したように、六〇～六九歳の年齢層における自殺者の死亡性比は、女性一に対して男性では二・六であるのと比べて、七〇～七九歳では一・七、八〇～八九歳では一・二。このように高齢になるにつれて、男女間の自殺者数の差は縮まっていきます。

しかしながら高齢者の自殺死亡率を見ると、やはり男性のほうが女性と比べてかなり高率であることが分かります。

高齢者の自殺の背景として、しばしば指摘されるのが社会的孤立です。長年連れ添った配偶者との死別や離別などによって、単身となった高齢者の自殺は、孤立や孤独との関連がとくに強いといわれています。

私たちが行った山梨県での調査でも、世帯構造や人口学的な視点からは、死別率や離別率が高率で、なおかつ単身高齢者の割合が大きい地域の自殺率は高いという結果が出ました。また一世帯当たりの世帯構成人員が少ない地域ほど、自殺率が高い傾向にあることも分かりました。

国立社会保障・人口問題研究所の推計によると、二〇〇七年のわが国の高齢者世帯数（六五歳以上の高齢者のいる世帯）は一三三八万世帯あり、そのうち三八六万世帯が単身高齢者世帯、いわゆる「独居高齢者」「一人暮らし老人」と呼ばれる、高齢者が一人で住んでいる世帯でした。これは日本の全世帯中、約一三世帯のうち一世帯に相当します。さらに、二〇二五年には六八〇万世帯にまで膨れ上がり、約七世帯に一世帯が単身高齢者世帯になることが推計されています。

山梨県は人口の高齢化が全国でも先行している高齢化先進県ですので、このときの山梨県の調査結果が示したように、今後、日本の自殺の要因のなかでも増大する独居高齢者の問題は、もっとクローズアップされることでしょう。

そしてそのとき、女性と比べて、より孤独に陥りやすい男性高齢者が、深刻な状況に置かれるのではないかと危惧《きぐ》しているのです。

一般に、女性と比べて地域社会との結びつきが弱い男性では、定年退職後に地域住民とのつながりを持っていない人や、持ちたくても持てない人、さらには持ちたくない人が大勢います。仕事一筋でやってきた真面目人間が、定年して会社を離れて初めて、地域住民たちとのつながりがないことに、またはつながりが薄いことに気づくのです。

マイホームを購入し、長年住み慣れた地域であるはずなのに、向こう三軒両隣の住人の名前すら知らないという男性は少なくないでしょう。それはひとえに、地域の自治会での役割や防災訓練への参加など、すべての煩雑《はんざつ》なことを奥さんに任せ切りにしてきた結果といえます。

自立した生活と自殺の関係

話は少し逸《そ》れますが、私たちが行った研究から、高齢になっても介護を必要としないで自立を保った生活を継続させるためには、高齢期の一五年くらい手前に当たる中高年期から初老期にかけての生活の仕方が、とても大切であることが分かりました。中高年期から初老期をどのような生活スタイルで過ごしたのか、その良否が高齢になってからの自立と深く関係してくる可能性が強く示されたのです。

これは、高齢期の自立率の高い都道府県や低い都道府県における、中高年から初老期にかけての生活行動を、「社会生活基本調査」と呼ばれる調査統計から探った研究です。具体的には、睡眠や食事、仕事などのほか、趣味や運動など一日の生活行動を詳細に調査した結果から得られたものです。

この研究の結果、趣味や娯楽、学習や研究、スポーツや地域活動といった、仕事以外の余暇活動に積極的にかかわっている人の多い都道府県、あるいは休日を地域住民や友人といった仲間とともに過ごす機会が多い都道府県ほど、高齢期になってから住民の自立が保たれ、介護を必要とする状態にならずに暮らしている人の割合が高いことが分かりました。

また男性の場合、仕事時間が長い都道府県ほど高齢期の自立が維持されにくいことが判明しました。それと同時に、趣味のなかでも旅行などといった他者とのかかわりの強いものは高齢期の自立に寄与するものの、パチンコや釣りといった他者とかかわることが少なく基本的に一人で行うものは、自立と結びつきにくいことも分かったのです。

高齢になっても寝たきりや認知症にならず、自立した生活を送るためには、こうした中高年期からの生活スタイルの見直しが大切になってきます。

そうはいっても、仕事以外の時間をなかなか確保できない男性は世に大勢いるでしょう。それでも日曜日や休日などを積極的に地域活動や趣味活動に充《あ》てて、他人とよくかかわりあう生活行動を取ることが、高齢期になってからの自立の維持、つまりは介護予防へとつながっていくのです。

この研究成果は、まだ仮説の域を出るものではありません。それでも中高年、初老期からの生活デザインが生活習慣病の予防だけでなく、老後の介護予防にとっても非常に重要なものであることを示したといえます。

そして、高齢になっても健康を維持し、自立して生活ができることと、自殺が少ないことは、実は深く関係しています。「社会から孤立しない、孤独にならない」という地域社会とのネットワークの存在は、健康の維持だけではなく、自殺予防にとっても大切な要因だからです。

しかし、私たちが生活のなかで行っているさまざまな行動は、長年のあいだに築かれ、習慣化しているので、行動を急に変えることは容易ではなく、それなりの努力が必要となります。したがって高齢期になっても健康を維持し、孤立・孤独を防ぐためには、定年を迎えるまでの準備期間に、趣味や学習、運動、地域活動などを通して、職場以外の生活の場での人とのかかわりを深め、自分の居場所を作っておくことが大切になってきます。

未婚や離婚、死別などの理由から、一人暮らしを余儀なくされた高齢者にとっては、「食べる」「寝る」といった生命維持のための活動に加えて、社会とのつながり、他人とのつながりを持って生活することが重要です。なぜならば、介護予防も自殺予防も同じように、その延長線上にあるのですから。

中年男性は社会的孤立の果てに

ここまで高齢者の孤立・孤独のことに目を向けてきましたが、現代社会には、中年男性をも孤立・孤独へと向かわせるさまざまな落とし穴が存在しています。

かつての一般的な日本企業は、年功序列や終身雇用といった雇用体制を取り入れており、従業員は企業に従属したかたちで、比較的安定した暮らしが担保されていました。しかし現在、そうした枠組みが崩壊し、成果主義の導入や非正規雇用といった不安定な雇用形態の増加により、中年男性を取り巻く雇用環境はとてもストレスフルなものへと変化しています。

事業所の健康相談に占めるメンタルヘルスの相談割合や件数は、多くの職種で増大し、また、労働者健康福祉機構が開設している「心の電話相談」への相談件数も、過去最高を記録するなど、職場におけるメンタルヘルスの低下が大きな問題となっています。

労災の申請状況にも、うつ病などの精神疾患によるものが近年、明らかに増加傾向にあります。仕事上のストレスからうつ病などを発症して、休業や失業に追い込まれる男性が大勢いるわけです。

また、メンタルヘルスの状況を調査した厚労省の「労働者健康状況調査（二〇〇七年）」によれば、自分の仕事や職業生活に関して強い不安や悩み、ストレスがあると答えた人は、調査された全労働者の五八パーセントにもおよびました。

もちろん、職場のストレスは男性に限られたものではありません。しかしストレスの理由として、女性では職場での人間関係を挙げる人が多いのに対して、男性では人間関係に加えて、仕事の質的・量的負担、会社や自分の将来に関する不安などの内容が多いという特徴が見られます。

また別の調査結果からは、労働者を取り巻く課題として、コミュニケーションの減少や人間関係の希薄化が指摘されており、事業所内での労働者の孤立感の高まりが、メンタルヘルスの不調と結びついている可能性を示しています。

一方で、中年男性の未婚率の上昇、リストラなどを原因とした家庭崩壊からの離婚などにより、高齢者と同様に中年男性の一人暮らしも増加しています。

このように、企業や家庭といったシェルターを失った中年男性が晒《さら》される社会的孤立が、中年期の男性の高い自殺率の背景にあると考えられます。

第六章　国・地域・個人の自殺予防対策

遺書が残されているケースは三割

自殺に至った原因や動機を明らかにする取り組みは、自殺に対する予防や対策を考えるうえで重要なことです。なかでも、自殺に結びつく原因や動機を探るうえでもっとも重要な情報源が、自殺を企図《きと》した人が直接書き残した遺書です。

一般には、自殺者の多くが遺書を残しているように思われがちですが、実際、遺書が残されているケースは自殺全体の約三割にすぎません。

自殺の原因や動機に結びつく情報の収集には、遺書のほか、遺族や周辺の人たちから得られる情報や受療記録の確認なども考えられます。しかし情報の性質上、秘匿《ひとく》されることも多く、調査の対象とはなりにくいというのが実際のところです。

それほど自殺の原因と動機を明らかにするのは難しいのですが、遺族に対する聞き取り調査から、自殺に至った経緯を探り、危機要因の連鎖の過程を明らかにした貴重な調査結果があります。

ＮＰＯ法人ライフリンクと、東京大学のメンバーから構成された「自殺実態解析プロジェクトチーム」が、自殺者の遺族に対して面接による聞き取り調査を行ったのがそれです。

彼らは三〇五ケースの自殺者について、同居人の有無や仕事の有無、仕事内容、資産と債務の状況、引っ越しの経験など、亡くなられた方のさまざまな情報を収集しました。加えて、亡くなる前二週間の言動や睡眠状態、身辺整理をしていたかどうか、また病院の受診や民間相談機関の利用といった援助希求の状況、さらには自殺に追い込まれていった経過に関するエピソードなどについて詳細な情報を収集し、そこから自殺に至った危機要因を探っています。

調査の結果は「自殺実態白書２００８」で詳しく紹介されています。自殺に追い込まれていくまでの危機要因の連鎖に着目した解析からは、一人当たり平均で四つの危機要因を抱えていたことが判明。なかには、一人で九～一〇の危機要因を抱えていたケースすら存在していました。

プロジェクトチームはさらに、こうした危機要因が連鎖しながら自殺に至る、「自殺の危機経路」が形成されていることを突き止めています。

たとえば、被雇用者では、「配置転換→過労＋職場の人間関係→うつ病→自殺」「昇進→過労→仕事の失敗→職場の人間関係→自殺」などの経路が見られました。一方、自営業者では、「事業不振→生活苦→多重債務→うつ病→自殺」「失業→再就職失敗→やむを得ず自ら起業→事業不振→多重債務→生活苦→自殺」といった経路が形成されていたのです。

また就業経験のない無職者では、「身体疾患＋家族の死→将来の生活への不安→自殺」「子育ての悩み→夫婦間の不和→うつ病→自殺」といったように、さまざまな危機要因が連鎖して、自殺への経路を形成していることが明らかになっています。

複雑に絡み合う原因と動機

出現頻度《ひんど》の高い危機要因としては、「うつ病」が最多です。また、夫婦や親子間などでの「家族の不和」、多重債務や連帯保証債務、住宅ローンなどの「負債」がそれに続き、さらには「身体疾患」「生活苦」「職場の人間関係」という要因が続いていました。

そして、これらの危機要因はさらに細かな要因が複合して成り立っていることから、プロジェクトチームは危機複合度を数値化して、自殺に対する危機の進行度を表しました。それによると、自殺の危機複合度を五・〇としたとき、うつ病は三・九、生活苦は三・六など と、自殺の一歩手前にある重大な危機要因であることが明らかにされました〈図表23〉参照)。

一方、警察のデータを基にして自殺の動機などを分析した大規模な研究としては、新潟大学の桑原秀樹《くわばらひでき》氏のものがあります。桑原氏は、「遺書の有無による自殺者の特徴の違い」と題した博士論文のなかで、一九八一〜二〇〇一年の期間中に、神戸市内で異常死が疑われた一万八五五八件のうち、監察医による検案が行われて、自殺と判断された五一六一人を対象

10大危機要因	細目	危機複合度	
事業不振	事業不振	1.5	1.7
	倒産	2.6	
職場環境の変化	昇進	1.0	1.8
	配置転換	1.8	
	転職	2.1	
	降格	2.8	
過労	過労	1.9	1.9
身体疾患	その他	2.2	2.2
	腰痛	2.4	
職場の人間関係	職場のいじめ	2.4	2.5
	職場の人間関係	2.6	
失業	失業	2.5	2.8
	就職失敗	3.5	
負債	住宅ローン	1.0	2.9
	連帯保証債務	2.5	
	その他	2.6	
	多重債務	3.3	
家族の不和	親子間	2.9	3.0
	離婚の悩み	3.0	
	その他	3.0	
	夫婦間	3.1	
生活苦	生活苦	3.5	3.6
	将来生活への不安	3.9	
うつ病	うつ病	3.9	3.9
自殺		5.0	

図表23　自殺の危機複合度
※出典：NPO法人ライフリンク「自殺実態白書」

とした分析結果について報告しています。

遺書の有無別に分類したうえでの動機の分析からは、遺書を残した自殺者の特徴として、女性であること、また単身生活者であることが挙げられています。一方、遺書を残さなかったケースでは、身体疾患や精神疾患を持つこと、精神科への通院歴があることなどが特徴となっています。

長野県精神保健福祉センターの小泉典章《こいずみのりあき》氏らも、長野県警からデータの提供を受けて、二〇〇七年、二〇〇八年の長野県内の自殺を対象とした原因・動機の分析を行っています。その結果、どの年齢層でも「健康問題」が動機としては高い割合を占めており、その内訳として、三五歳から五五歳の働き盛り世代では、男性のうつ病が多く、それは何と女性の三倍にも上ることが分かりました。また六五歳以上の高齢層では、身体の病気がもっとも多く、うつ病については女性が男性の二・三倍であることなどが明らかにされています。

このように自殺の原因や動機は、検案を担当する検察や警察で把握されることが多く、そこでの資料が重要な情報源となります。なお、自殺の原因・動機についての全国的な状況については、警察庁の「自殺の概要資料」として毎年公表されています。

またライフリンクの「自殺実態白書」には、全国の警察署別の自殺について、原因と動機が調査されて掲載されており、これも重要な資料となっています。

警察庁の「自殺の概要資料」では、かつては残された遺書などから判断して、該当する一つの原因・動機に絞って計上されていました。しかし、前述したように二〇〇七年以降は、自殺統計原票を改正して、疾病《しっぺい》などの健康問題や、生活苦・多重債務などの経済問題、さらには家庭問題、学校問題などに分類したうえで、一件の自殺に対して三つまで原因・動機を計上できる仕組みに変更。そのため、より詳細な分析が可能となっています。

先に紹介したライフリンクの調査結果からも分かるように、自殺の原因・動機を探っていくと、単純に一つの要因だけが背景にあるという事例は少ないのです。多くの場合、複数の要因が複雑に絡《から》み合い、危機要因の連鎖の結果、自殺に結びついたと考えられるわけです。

がん予防の発想で自殺を防ぐ

それでは、その事実を踏まえたうえで、私たちはどのように自殺を予防していくことができるのでしょうか。

それにはやはり、複数の要因が積み重なって危機的な状況が高まってしまう前に解決を図る、すなわち予防的な取り組みが必要になってきます。

たとえば、職場で上司とのトラブルを抱えた男性が、そのストレスを発散するためにギャンブルにのめり込み、借金を重ねた挙げ句に多重債務に陥ってしまった。そして、借金の返済に追われる毎日に耐えられなくなった妻と離婚し、家庭も崩壊。やがて酒に逃げ場を求めた結果、アルコール依存症となり、その末に自殺したケースというのを想定してみましょう。

この男性の場合、職場問題、経済問題、家庭問題、さらにはアルコール問題も加わり、これらの要因が複合し連鎖的に影響した結果、自殺に至ったと考えられるわけです。

これほど多くの要因が積み重なると、自殺という結末しか見出《みいだ》せないのではないかと考える人がいるかもしれません。しかし裏を返すと、要因ははっきりしている。つまり、それらの危機要因が積み重なっていく段階ごとに、対策を取ることも可能なのです。

たとえば、まず職場でのトラブルを抱え始めた段階で、同僚や職場の相談窓口に打ち明けていれば、自殺に至らなかった可能性は高いと考えられます。もしくは社外にある各種相談窓口への相談や、それらの存在を知っていれば、早期の解決が図れたかもしれません。

また、借金を重ね多重債務に陥った段階でも、債務の解消に向けた相談ができていれば、その時点で負の連鎖は止まっていたかもしれない。妻との離婚も、家庭内での二人の関係が日頃から良好であれば、離婚に至らないどころか、もっと早い段階で相談に乗ってもらい、何らかの支援を得ることができたかもしれないのです。

この例からも分かるように、個人の力だけで予防できるほど自殺は単純ではありません。

それぞれの危機要因を低減し、除去するためには、個人では対応しきれない部分が多いのです。そこには、たとえば救済制度や法による規制、教育といった社会の組織的な取り組みによる総合的な対策が必要とされているのです。

このことは、がん予防と同じです。がんにかからないように個人が禁煙に取り組んだり、食べ物に気を付けたりするだけでは、十分な効果はあがりません。日頃から適切な健康指導を受ける、または早期発見のために検診を受ける機会が整備されているといった、社会としての取り組みが罹患《りかん》のリスクを減らし、予防効果を上げるのです。

このように、自殺を個人で予防すべき問題としてとらえるだけではなく、社会の課題としてとらえたうえで、その予防対策を講じていくという視点が必要になってくるのです。

欧米に「KAROSHI」はあるか

ところで私たちは、自殺は個人的な問題だとか、他人が関与すべき問題ではないと考えがちです。そのため国や地方自治体、職場、学校、地域などであっても、自殺の問題に対して正面から向き合うことは、これまでほとんどなかったといってもいいでしょう。

そこには、どのようにすれば私たちの社会から自殺を減らすことができるのか、自殺を企図する前の救済策や支援策はないのかといった、社会課題として共有し、解決を図るという視点が不足していた背景があります。

一方で、職場での過労自殺や学校でのいじめによる自殺などのように、自殺はしばしば時勢を反映した社会問題として注目され、マスコミを賑《にぎ》わせます。ところが、それを機に、対策や予防に向けた具体的な議論が交わされるといった、社会の気運が高まることはほとんどありませんでした。

ではここで、わが国で長年問題になっている、過労死や過重労働の末の自殺を見てみましょう。

過労死が「KAROSHI」という英単語として使用されていることを、ご存じの方も多いと思います。欧米では、法規に基づいた労使間の契約関係は当然の権利として遵守《じゅんしゅ》されますから、日本のようなサービス残業や、暗黙の了解の下《もと》に強《し》いられている長時間労働、休日出勤などはあり得ません。

数年前にアイルランドで開催された国際自殺予防会議に参加したとき、労働と自殺をテーマとした会場で、その演題の多くを占めていたのが「職場でのいじめ」でした。ところが、日本で開かれる会議ならばメインテーマとなるであろう過労自殺や、過重労働によるメンタルヘルスの低下などの発表が一つもなかったことには、たいへん驚かされました。

したがって、過重な労働が心臓病や自殺の原因となっているという日本からのニュースは、かなりの驚きをもって受け止められているのです。マスコミによってもセンセーショナルに扱われてきた結果、「KAROSHI」という言葉はそのまま輸出されて定着しました。

当然わが国でも、健康を害するような労働は労働基準法によって禁止されています。にもかかわらず、違法的な長時間労働からうつ病を発症し自殺に至ったケースなど、労働に起因すると考えられる自殺や過労死のケースがあとを絶ちません。労災の認定基準の見直しもあって、多くの過労死の問題が顕在化《けんざいか》するなか、近年になって、やっと過重労働への対策が本格化してきたといえます。

過重労働による健康障害を防止するために、国は時間外や休日労働が一定基準を超えた労働者への、医師の面接指導を義務づけるなどの対策を取っています。そうした法整備を含め、法の遵守を監視する態勢づくりなど、組織や社会としての取り組みの強化が過労死や過労自殺の根絶のためには重要なのです。

国を動かした市民のパワー

それでは日本の自殺対策は、これまでどのように進められてきたのでしょうか。その歩みについて振り返ってみたいと思います。

一九九〇年代に入って、世界的にもメンタルヘルスの問題がクローズアップされるなか、一九九一年の国連総会で、初めて自殺問題が取り上げられました。この総会では、世界の深刻な自殺の現状について認識され、自殺予防に向けた国家レベルでの具体的な行動の開始が提唱されました。

これを受けてWHOは、一九九三年にカナダのカルガリーで専門家を集めた会議を開催し、一九九六年に国連と共同で「自殺予防：国家戦略の作成と実施のためのガイドライン」として公表。ガイドラインでは、それぞれの国の実情に応じた、包括的な自殺予防対策を講ずることが求められました。

その後まもなくして、わが国では一九九八年に始まる第三自殺流行期に突入します。自殺が社会問題化し、不況や雇用問題との関連から国民のあいだでも対策への期待が高まるなか、厚生労働省は二〇〇六年になってようやく、都道府県と政令指定都市に対して自殺対策連絡協議会の設置や、自殺に関する相談態勢の強化などの取り組みを求める通知を出しました。

しかしながら、この通知は法的な拘束力を持ちませんでした。すなわち、あくまでも要請であり、その実施については自治体の判断に任されたものでしかなかったのです。

そして二〇〇六年の春以降、ＮＰＯ法人ライフリンクや東京自殺防止センターなど、市民団体が中心となって、自殺対策の法制化を求める署名運動が展開されました。署名を集め始めてからたった一ヵ月半のあいだに、当初の目標であった三万人を大きく超える一〇万人以上の署名が集められました。

このような逼迫《ひっぱく》した社会の情勢を背景に、わが国で初の自殺対策に向けた法案が超党派で議員立法として準備され、その年の六月一五日に国会で可決、成立。一〇月二八日に「自殺対策基本法」として施行されたのです。

自殺予防対策の柱の一つは、社会に向けた啓発活動にあります。図らずも、自殺対策基本法の成立に向けた市民運動の高まりは、わが国が置かれている自殺の深刻な実態や対策の必要性を広く社会に周知させることになり、まさに効果的な啓発事業の一つとなったわけです。

自殺対策基本法で何が変わったか

自殺対策基本法の成立によって、わが国の自殺対策に法的根拠が与えられたことは大きな一歩でした。確かに、フィンランドやイギリスなど自殺予防対策を早くから国家戦略として位置づけて、取り組みを行ってきた国々と比べると、わが国の自殺問題への対応は遅いといわざるを得ません。しかし、この法律の成立によって、ようやく近代福祉国家として、同じスタートラインに立つことができたのです。

繰り返しになりますが、日本の自殺対策が遅れていたのは、自殺は個人の生き方の問題だとされてきたことが大きな要因でした。その人が選んだ道であるというとらえ方が一般的でしたから、政府や行政機関が立ち入るべき公共の課題ではないと考えられていたわけです。

他国でも、国家レベルでの自殺対策が本格化するまでは、宗教団体による自殺企図者への支援やライフライン(「いのちの電話」のようなホットライン)による傾聴活動などを通じて自殺予防を図る、ボランティア活動や慈善事業としての取り組みが中心でした。

しかしながら、先のWHOと国連による動きを受けて、アメリカなどの諸国でも政策担当者や研究者と連携しながら、公民協同の自殺対策へと気運は高まっていったのです。

現在、アメリカで国家的に進められている健康づくりの指針に「ヘルシーピープル二〇一〇(Healthy People 2010)」があります。そこには、自殺率を人口一〇万人当たり一一・三人から五・〇人へ低下させることや、若者の自殺が多いことから、学校年齢にある生徒の自殺未遂率を二・六パーセントから一・〇パーセントに減少させるといった、具体的な数値目標が掲げられています。また、自傷行為などの自殺関連行動の減少も目標として盛り込まれています。

そして、これらの目標を実現するために、銃器や薬品といった自殺手段へのアクセス制限や、若者の薬物乱用を早期に発見し治療する取り組み、さらには学校での自殺予防教育の実施などが積極的に行われています。

このようにアメリカでの取り組みを見ると、自殺問題を解決すべきなのは国家であり、重要な社会課題であると明確に位置づけていることが分かります。自殺原因や動機と関連した、さまざまな角度からの予防的な取り組みが実施されるなど、国家レベルで政策的に自殺対策に取り組んでいるのです。

わが国の自殺対策も、自殺対策基本法という足場が整備されたことによって、自殺を個人の問題としてだけとらえていた時代からの脱却に向けて前進しています。自殺は個人を取り巻く社会の問題なのだから、社会的要因を踏まえた総合的な対策が実施できるよう、政府をはじめとする関係機関は努力を続けているのです。

例を挙げるとすれば、働き方の見直しや再チャレンジが可能な社会の構築、失業や多重債務などの相談支援態勢の充実などです。また、国、地方自治体、医療機関、事業主、学校、そして自殺防止にかかわる民間団体が連携を取りながら、それぞれに求められた自殺予防対策の責任を明確にしつつ、各機関が担うべき役割に取り組んでいます。

国家が取り組む自殺対策の柱

国が取り組む自殺対策の基本的な枠組みについては、二〇〇七年、自殺対策基本法に基づき、政府が推進すべき自殺対策の指針として「自殺総合対策大綱」が発表されました。

そこには、「自殺は追い込まれた末の死」「自殺は防ぐことができる」「自殺を考えている人は悩みを抱えながらもサインを発している」という、自殺に対する三つの基本的な認識が示されています。

この基本認識は、社会が個人を自殺に追い込まないための対策や、自殺念慮《ねんりよ》者の発するサインへの気づきなど、私たち一人ひとりが、また社会全体が自殺に対して関心を払うことで、自殺は予防可能な死であると考えるところに立脚しています。

さらに、自殺対策基本法の基本理念を踏まえて、自殺対策を進めるうえでの六つの基本的な考え方が示されています。

それは「社会的要因も踏まえ総合的に取り組む」「国民一人ひとりが自殺予防の主役となるよう取り組む」「自殺の事前予防、危機対応に加え未遂者や遺族等への事後対応に取り組む」「自殺を考えている人を関係者が連携して包括的に支える」「自殺の実態解明を進め、その成果に基づき施策を展開する」「中長期的視点に立って、継続的に進める」という六つです。社会的要因として、雇用問題や多重債務問題、うつ病問題、自殺や精神疾患への偏見の問題などを挙げて、総合的な取り組みを求めているのです。

また自殺対策といえば、自殺企図者や自殺念慮者への事前の対応だけを指すように思われがちですが、未遂者や自殺遺族へのフォローの必要性なども、しっかりと含まれています。

さらに、年齢の特徴を踏まえた自殺対策を推進するために、青少年（三〇歳未満）ではインターネット自殺、中高年（三〇〜六四歳）では心理的・社会的負担、高齢者（六五歳以上）では健康問題や介護疲れなど、それぞれの年齢層の自殺の特徴を挙げて、取り組むべき対策の方向が示されています。

自殺総合対策大綱では、当面、とくに集中的に取り組むべきものとして、自殺対策基本法の九つの基本的施策に沿って、九項目、四八の施策を設定。これらの対策を通じて、二〇一六年までに自殺者数を二〇パーセント減少させることが、数値目標として掲げられています。

このように、とにもかくにも国を挙げての自殺対策は動き出しました。ところが、自殺の状況は一向に改善の兆《きざ》しが見えず、二〇〇八年一〇月に開催された自殺総合対策会議では、自殺対策の一層の推進を図るために、当面、強化し、急ぐべき施策を「自殺対策加速化プラン」として位置づけています。

このプランには、うつ病以外のハイリスクな精神疾患として、統合失調症、アルコール依存症、薬物依存症などを挙げて、その調査研究の推進や継続的な治療、医療体制の整備、自助活動の支援などを明記しています。また、インターネット上の情報から硫化水素自殺が多発したことや、自殺予告サイトの開設が相次いだことなどを受けて、インターネットと関連した自殺に対する情報対策の推進なども含まれています。

さらに自殺総合対策会議では、二〇一〇年二月、それでも減らない自殺者への次の手として、「いのちを守る自殺対策緊急プラン」を打ち出しました。このプランでは、当事者本位の対策として実施されることを念頭に置いた、つまり悩みや問題を抱えた人たちに施策がきちんと届くような、自殺対策の強化が図られました。

たとえば、「お父さん、眠れてる?」のフレーズを用い、不眠やうつ病への気づきをうながすキャンペーンを展開。これはテレビのスポットCMで流されたので、記憶にある方も多いのではないでしょうか。

これは長時間労働や失業、事業不振など、社会・経済的なさまざまな問題を抱えた中高年の男性に焦点を当てた「睡眠キャンペーン」ですが、これも自殺リスクが高い人たちへ直接働きかける緊急プランの主旨に沿った対策として、実施されたものです。

ほかにも、広く一般国民を対象として、うつ病に加えてアルコール問題に関する啓発や、ハローワークにおける心の健康相談の実施なども、このプランに盛り込まれています。

このように、国を挙げた自殺対策が具体化されています。しかし、各種対策の実効性を上げるためにも、それぞれの地域の自殺の実態を把握し、実態に即した対策を施さなければなりません。そして、そのためには、地域単位での自殺の実態や関連要因の分析、さらには実施された対策の効果の判定（評価）などの積み重ねが大切になってくるのです。

中小企業の労働者が陥りやすい穴

自殺対策基本法では、国や地方自治体をはじめとした関連組織の連携による、社会的な取り組みを求めています。一方で、私たち国民の一人ひとりに対しても、自殺対策の重要性に関心を払うことを求めています。つまり私たちは、自殺を他人事《ひとごと》と考えるのではなく、わが身にも起こり得る身近な問題だと認識しなければならないのです。

そのうえで自殺対策の柱として、たとえば自殺を図ろうとしている人の発するサインに早く気づいて、精神科医などの専門家につないでいくことや、命の大切さの理解を深めること、また、うつ病など精神疾患への正しい知識を学び偏見をなくすことなど、私たちの一人ひとりができることへの取り組みが求められています。

個人で取り組む自殺予防対策において重要な観点の一つは、メンタルヘルス面でのセルフケアを促進することでしょう。

核家族化の進行や地域の高齢化とともに、日常生活における人間関係の希薄化が進んでいます。一方で、学校や職場などの集団環境では、複雑な人間関係からストレスを抱え込んでしまう人も増加。このようにストレスの多い現代社会では、一人ひとりのメンタルヘルスの維持、向上が大切になってくるのです。

私はかつて山梨県内の企業労働者を対象として、職業性ストレスの実態調査を行ったことがあります。そこでは、対人関係を円滑に進めることができ、さまざまなスキルを持ち合わせている人ほどストレス度は低く、悩みがあれば上司や友人、同僚などに相談するといった積極的なストレス回避の行動を取る傾向にありました。それにともない、職場内での支援を受けやすい環境にあることも分かったのです。

このように、ストレスを軽減するためには、ストレス回避に向けた個人レベルでのスキルを日頃から身につけておくことが、メンタルヘルスの維持や向上に結びつくといえます。

また別の調査からは、中小企業労働者の職業性ストレスの状況は、大企業の労働者とは異なることが判明。とくに男性の場合、仕事の量的な負担の大きさに加えて、仕事に対しての裁量権がなく、職場の上司や同僚からの支援が十分でないために、ストレスが高まっていることが分かりました。

さらに、職業性ストレスとうつ状態や自殺念慮との関係を調べてみたところ、やはり仕事の量的な負担や対人関係などのストレッサー（ストレスとなる原因）を抱えた人たちほど、多くのストレス反応を表出。うつ傾向を示す人の割合も高く、また自殺念慮のある人たちも多いことが分かりました。

中小企業で働く人たちの特徴としては、経営者である上司や限られた仕事仲間と大半の時間を過ごす毎日から、人間関係に起因したストレスも溜まりやすく、また職場での支援も受けにくい状況に陥りやすいといえます。

日頃からコミュニケーションを良好に保ち、人間関係を良くしておくことがストレスを解消していくうえで大切です。しかし、これは個人が努力して、一方的にコミュニケーションの改善を図ろうとしても、上手《うま》くいくものではありません。

職場の共通の問題として、上司や同僚たちと働きやすい職場づくりについて話し合うことなどが効果的。そのような場を通して、自分の考えや感じたことを他人に伝えるスキルを高め、他人の意見に耳を傾ける習慣を身につけることが大切なのです。

悩みを感じ、不満が生じたときには、自分一人で抱え込まずに、上司や同僚に素直に助けを求め、相談できるスキルを身につけておくことが、早い段階でのストレス対処に結びつきます。どうしても職場で相談できる相手がいない場合でも、社外にもさまざまな相談窓口が用意されています。

そうした職場内外の機関を有効活用して、早期に問題の解決を図っていくことが、職業性ストレスを低減させ、結果としてうつ病や自殺などの深刻な事態を招かないことにつながり

周囲が気づく変化

1.	以前と比べて表情が暗く、元気がない
2.	体調不良の訴え（身体の痛みや倦怠感）が多くなる
3.	仕事や家事の能率が低下、ミスが増える
4.	周囲との交流を避けるようになる
5.	遅刻、早退、欠勤（欠席）が増加する
6.	趣味やスポーツ、外出をしなくなる
7.	飲酒量が増える

など

自分が気づく変化

1.	悲しい、憂うつな気分、沈んだ気分
2.	何事にも興味がわかず、楽しくない
3.	疲れやすく、元気がない（だるい）
4.	気力、意欲、集中力の低下を自覚する （おっくう、何もする気がしない）
5.	寝つきが悪くて、朝早く目がさめる
6.	食欲がなくなる
7.	人に会いたくなくなる
8.	夕方より朝方のほうが気分、体調が悪い
9.	心配事が頭から離れず、考えが堂々めぐりする
10.	失敗や悲しみ、失望から立ち直れない
11.	自分を責め、自分は価値がないと感じる

など

図表24　うつ病を疑うサイン
※出典：厚生労働省「うつ対策推進方策マニュアル」

ます。

ここまで何度も触れてきましたが、さまざまな心の不調のなかでも、うつ病は自殺との関連が深い精神疾患です。それだけに深刻な状況に陥る前の気づきが大切になります。そもそもうつ病は自分自身では気づきにくい病気ですから、その徴候をセルフチェックによって見つけ出すことも必要なのですが、周囲の人からの気づきがとても大切なのです。

前ページ〈図表24〉には、うつ病を疑うサインを挙げています。身近な人から発せられたサインを見逃さずに、日頃から相手の気持ちや行動に関心を向けて、それとなくチェックすることを心がけてはいかがでしょうか。

加えて、自分自身も今すぐチェックしてみてください。該当する項目が多い場合、または日常生活に支障が現れている、学校や職場などから受診を勧められている場合などは、精神科や神経科、メンタルヘルスクリニックなど、専門医を速やかに受診しましょう。

自死遺族へのグリーフケアの実態

毎年三万人を超える自殺者が出続けているにもかかわらず、私たちの社会があまり関心を向けてこなかった背景には、自殺による死が、「隠される死」であることとも関係していると考えられます。

二〇一〇年二月、京都で開催された自殺対策フォーラムで、中学時代に実父が自殺していたことを、ビデオレターを通じて明らかにした大臣がいました。

「三三年経たないと話せなかった」「自殺と向き合うことも大事だけれど、向き合わない時間を過ごすことも大切だった」との息詰まるような言葉にも表れているように、遺族や関係者が黙して、公《おおやけ》にならないように守り通そうとするのが自殺なのです。その隠される死に社会の関心を向けて、対策を施さなければならないところに、自殺対策の難しさの一端を感じることができます。

そのため、身内の自殺によって取り残された遺族（自死遺族）や、自殺者の周囲の人たちが受ける精神的な苦痛に対して、これまでほとんど手が差し伸べられてこなかったといっても過言ではありません。

自死遺族は、単に身内を失った深い悲しみに包まれるだけでなく、社会からの理解や支援を受けることが少ない……。そのため、身内の死を隠すようにひっそりと暮らしてきた、そんな風潮が日本にはあったのです。

このような遺族の抱える悲嘆へのケアを「グリーフケア」といいますが、自殺対策基本法にも遺族支援が盛り込まれたことで、ようやく世間の関心が高まりつつあります。実際、後追い自殺といったかたちで、自死遺族から自殺者が出ることもあるので、自死遺族への支援は予防的な側面も有しているといえます。

自死遺族が抱えるもう一つの現実的な問題は、経済的な困窮です。とくに家計を支える世帯主を失った場合などは、自死遺族が生活困窮に追い込まれることが非常に多い。しかし、困窮する遺族への経済支援活動は、一部の民間団体により行われてきたにすぎませんでした。

交通事故などによる災害遺児への支援を目的として、募金活動から始まった「あしなが育英会」は有名ですが、現在では病気遺児、さらには自殺遺児へと支援の対象が広がっています。

二〇〇八年に実施された遺児母子家庭一四〇〇世帯を対象としたアンケート調査では、遺児母子家庭となった原因として、病気遺児が約七四パーセント、自死（自殺）遺児が約二二パーセント、そして災害遺児が約三パーセントと報告されています。自殺によって一家の大黒柱を失い、経済的にも困窮した家庭の多さにあらためて驚かされます。

あしなが育英会から奨学金を受けている大学生や、専門学校生によって組織された自死遺児編集委員会が、親を失った遺児の思いを著した『自殺って言えなかった。』（サンマーク出版）を世に出したのは二〇〇二年。自死遺族が自ら声を挙げた勇気に、当時はマスコミを含め大きな社会的反響がありました。

現在では、自死遺族に対する支援活動は、全国自死遺族総合支援センターなどのNPO団体を通して、全国的な支援組織で行われるなど、ネットワーク化の動きが見られるようになりました。また、経済的な困窮に陥った方への支援として、自治体などでは自死遺族などへの相談窓口を設置。生活福祉資金や修学援助、奨学金制度などの情報を提供するといった活動を行っています。

ほかにもNPO法人ライフリンクは、自死遺族への理解を深めるため、また各都道府県に「自死遺族のつどい」を設立させるため、全国キャラバンを展開するなど積極的に活動し、今では多くの自死遺族の会が各地に設立されています。

個々の自殺の情報公開は進むのか

実効性のある自殺対策を実施していくためには、まず自殺の実態についてきちんと把握し、原因や動機について正確に分析していくことが必要です。この点についても自殺対策基本法では、国と地方自治体が自殺の防止などに関して調査研究を推進し、また情報の収集や分析、提供を行うことを求めています。

しかしながら、先にも述べたように、自殺の実態や原因・動機について把握できる情報源は、警察庁の統計や厚労省の人口動態統計などにほぼ限られてしまっています。そのため、自殺の詳細な状況分析や原因・動機の分析などには限界があるのも事実です。とくに、自殺を地域の課題として位置づけて、自治体を単位とした対策を行っていくことを想定すると、市町村や医療圏といった地域単位での自殺や背景要因についての情報分析が必要となります。ところが、自殺に焦点を当てて地域分析を行った例は、まだ多くはないのです。

また、原因や動機の解明につながる情報を得ようとするならば、個々の自殺についての分析を進めることも不可欠です。しかし、そのために必要な資料である人口動態調査の死亡小票（亡くなった人の居住地や死因を記録したもの）は、目的外の利用が厳格に制限されており、その活用が容易ではありません。ゆえに、地域単位での自殺分析はなかなか進まなかったのです。

死亡小票の活用については、二〇〇七年、保健医療行政に必要な基礎資料を得るために利用ができる旨の、総務省の告示がなされました。これによって、公的機関などを通じた分析は行いやすくなったといえます。

私たちの研究グループでは、人口動態統計などの公的機関が公表する集団データの分析を通じて、自殺のハイリスク集団を探る研究などに取り組んできました。それらの研究成果については本書の随所で紹介してきましたが、わが国における自殺を対象とした疫学《えきがく》研究は、まだまだ少ないのが現状です。

今後は、官庁や自治体などが作成し保有する既存の統計資料を活用し、地域単位での自殺実態や背景要因の分析にも力を注いでいく必要があります。そのためには、疫学や統計学をはじめ、社会学や精神医学など多くの分野の専門家の協力が求められます。

警察庁によって把握、分析された自殺に関する統計も、近年になって、原因・動機別のデータとしてまとめられるなど、ある程度は詳細な資料が公表されるようになりました。これらの資料も、地域単位での自殺実態を探るのには有用な資料となります。

調査研究を推進して自殺対策に結びつけていくためには、もちろん個人情報は十分に保護されたうえでの話ですが、より詳細な情報が、さらに研究に活用できるかたちで公表されることが必要不可欠なのです。

青木ヶ原樹海の水際作戦とは

第四章でも取り上げたように、山梨県は全国から自殺者が集まる青木ヶ原樹海を抱えています。そのため警察庁発表の資料では、毎年高い自殺率を記録しているという特殊事情があります。また全国では同様に、自殺スポットと称される自殺多発地点が何ヵ所も知られていますが、それらの地域では今、何とか自殺者を減らそうという取り組みが行われています。

青木ヶ原樹海で展開されている自殺対策は、自殺企図者の発見と保護を中心とした、いわば水際で行われているギリギリの対策。ここでは、地元の多くの関係者が協力して知恵を出し合い、情熱を傾けて対策に取り組んでいる事例の一端を紹介しましょう。そのことが、自殺防止活動への理解を少しでも深めていただく機会になれば幸いです。

アメリカのニュース専門テレビ局ＣＮＮで、かつて「自殺の森（Suicide Forest）」として取り上げられたこともある青木ヶ原樹海ですが、近年の樹海内での年間自殺者数は四〇～七〇人にもなります。

地元の警察署には毎日のように、「自殺しようとしている人が樹海に向かった」とか、「保護を求めている人がいます」といった連絡が入るといいます。事実、自殺企図者の発見・保護数も、例年一一〇～一九五人にも上っています。

自殺を目的として青木ヶ原樹海に足を踏み入れる人の多くは、山梨県以外からの来訪者です。保護された人の聞き取り調査などからは、借金苦や病苦、人間関係の悩みなど、理由はさまざまですが、多くの人がはっきりと死ぬ意思を持って青木ヶ原樹海を訪れていることが分かっています。

こうした自殺企図者は、何はともあれ自殺を思いとどまらせることが第一です。そのためには、自殺に向けたサインを発している人を発見し、声かけを行って保護につなげるという働きかけが必要となります。

そのため、樹海へのアクセスポイント付近には監視員を配置。しかし、三〇〇〇ヘクタールにもおよぶ樹海へは、沿道のどこからでも立ち入ることが可能なため、地元の大勢の方たちの理解と協力がないと、声かけによる防止効果は期待できません。

そこで地元では、自治体や警察のほか、観光業者やバス、タクシー会社など一八の機関と団体が集まって、二〇〇八年に「いのちをつなぐ青木ヶ原ネットワーク会議」を立ち上げました。ネットワーク会議にはボランティア部会が設置され、自殺企図者への気づきや声かけの仕方など、適切な対処を行うことのできる「声かけボランティア」を養成するために、主に地元の住民を対象とした講習会が開催されています。

樹海内での自殺者を減らした方法

「死にたい」気持ちと「生きたい」気持ちの狭間で揺れ動く、自殺に傾いた人たちの多くは、何らかのヘルプサインを発しているといわれます。そうした人たちのサインを受け止め、適切に対応していくには、自殺企図者の心の状態を理解したうえでの対応が必要です。

ボランティアの養成では、自殺に傾いた人の心の状態や、傾聴の仕方について学習し、なすべき対応やしてはいけない対応などについて学ぶことが求められます。

青木ヶ原樹海に設置されている看板
※写真提供：富士・東部保健福祉事務所

また樹海への入り口付近の売店では、樹海を訪れる人を見守り、自殺企図の疑いのある人への声かけを実施。ここでは山梨県の「青木ヶ原ふれあい声かけ事業」として、監視員が二ヵ所に配置されており、二〇〇九年度の下半期だけでも、声かけの件数が九五件、保護が五〇件、通報が三九件という実績が上がっています。二〇一〇年度からは、さらにもう一ヵ所に監視員が配置されました。

このほか、地元自治体では自殺を思いとどまらせる心理効果も期待して、樹海の遊歩道入り口などに看板や監視カメラを設置するといった対策も行っています。

さらに、地元のタクシー会社の取り組みも忘れてはなりません。明らかに自殺企図者と思われる人を乗車させた場合には、乗務員に配車センターへの連絡を行わせ、道路脇を歩いている自殺企図者を発見した場合には、警察と連携するなどの対応が取られているのです。

「いのちをつなぐ青木ヶ原ネットワーク会議」には、ボランティア部会のほかに広報部会も設置されており、支援機関の存在を自殺企図者に知らせるための活動をしています。たとえば相談窓口を紹介したポスターを電車やバス、タクシー、宿泊施設などに掲示するなど、自殺防止を呼びかけるための対策を行っているのです。

加えて、富士山の世界文化遺産への登録が期待されるなか、広報部会では、青木ヶ原樹海の自然豊かなイメージを前面に出したエコツアーやネイチャーガイドツアーなどの宣伝もしています。そこには、樹海のイメージアップを図る活動を通して観光客数の増加を期待すると同時に、自殺企図者の来訪を一人でも減らそうという狙いがあるわけです。

こうした地域ぐるみのパトロールや声かけといったさまざまな取り組みによって、樹海内での発見・保護件数は増加し、自殺者数が年々減少していることから、対策の成果が表れてきているのではないかと思います。

高齢者を支える「無尽」とは

山梨県は高齢者が自立して生活できる余命期間（平均自立期間）が長い、いわゆる「健康寿命日本一」の県です。

健康寿命の算出方法にはいろいろな手法があります。そこで、高齢者のなかで介護保険制度のお世話になっている人の割合（認定者率）を基にして、自立している高齢者の割合から健康寿命を算出したところ、長野県や静岡県と並んで、山梨県は日本一の健康長寿県であることが分かったのです。

私も山梨県の健康寿命実態調査委員会のメンバーの一人として、健康寿命の算出を担当しました。その調査では、山梨県の高齢者がなぜ元気でいられるのか、その理由についても、山梨大学の山縣然太朗《やまがたぜんたろう》教授のグループによって明らかにされました。

それによると、住民同士の緊密な信頼関係を基盤にして、高齢者が地域とつながりを保っていることや、趣味や生きがいを持っていること、さらには「ほうとう」に代表される健康郷土食の存在など、山梨県の古くからの地域特性に多くの秘密があることが判明したのです。

山梨県人の緊密な人間関係を表すキーワードの一つが「無尽《むじん》」です。無尽とは月に一回から数回、仲間たちで集まって飲食をともにしながら、情報交換を行うものです。

山梨県の無尽は、地縁・血縁で結びついた人たちや職場仲間、政治思想を同じくする人たち、また旅行や俳句などの趣味仲間といった、さまざまな関係の人たちが寄り合う場として機能しています。山梨の飲食店の看板には、「無尽会でのご利用」といった表記も一般に見られるほど、地域に浸透しているのです。一人で多くの無尽に加入し、毎晩忙しく出歩いている人もいるほどです。

無尽のルーツは古く、鎌倉時代には庶民の相互扶助《ふじょ》の手段としてすでに存在していたとされています。現在でも全国各地に「無尽講」や「頼母子講《たのもしこう》」といった組織が存在していますし、沖縄では「模合《もあい》」という名称で残されています。

山縣教授は、この無尽に代表されるような、山梨県の地域コミュニティにおける絆《きずな》の強さが、全国一の健康寿命を支えている要因の一つであると述べています。

私たちの行った山梨県の六五歳以上の高齢者一五〇〇名を対象とした調査でも、町内会や自治会、老人クラブ、公民館活動、趣味サークル、学習・教養サークル、商工会、愛育会など高齢者の地域活動が多様で、全体の六四・一パーセントの高齢者が何らかの活動に参加している実態が把握されています。そして、地域活動への参加や外出機会の多い人では、うつ状態にある割合が低いことも明らかになりました。

健康寿命日本一の裏に潜むもの

一方、健康長寿の陰で、山梨県では高齢者の自殺も決して少なくはありません。とくに、過疎の進行した限界集落など、一人暮らしをしている高齢者の多い地域で自殺者が多い傾向にあります。山梨県の高齢化率（総人口に占める六五歳以上の割合）は約二四パーセント（二〇〇九年）で、約二二万人いる高齢者のうち、およそ一三パーセントが在宅での一人暮らしをしています。

高齢化が全国と比べて先行している山梨県は、わが国が近い将来向き合うこととなる超高齢社会にかかわる諸問題を、一足先に突きつけられている県といえます。もちろんそれは自殺問題も例外ではありません。独居高齢者の増加が一段と見込まれる山梨県では、若年層や中高年男性だけでなく、男女ともに高齢者が自殺対策の重要なターゲットなのです。

高齢者の孤立を防ぐために、閉じこもりやうつ予防対策、介護予防教室など、さまざまな施策を通じた高齢者への働きかけが、山梨のみならず全国の自治体で盛んに行われています。

たとえば地域の高齢者を対象に、毎月定期的に「サロン」を開催するところもたくさんあります。お茶を飲みながらおしゃべりをして交流を図るといった他人との触れ合いが、精神的にも良い刺激となり、友達ができたり生きがいを感じたりという効果が期待されているのです。

しかしながら、こうした取り組みにも大きな課題が残されています。それは、このように行政が音頭を取った地域の集まりに参加するのは、多くが女性であって、男性の参加者がとても少ないということです。

男性のなかでも、それこそ無尽や趣味の集まりに参加してコミュニケーションを積極的に取れる人はいいのですが、どうも男性は高齢になるほど出不精《でぶしょう》になるようで、家で昼寝をするかテレビを見るだけという日々を送る人が少なくないようです。

仕事上の人間関係しか築いてこなかった会社人間の男性は、退職すると、地域やときには家庭においても自分の居場所がないという現実に直面します。

そうならないためにも、若いうちからワーク・ライフ・バランス（仕事と生活のバランス）を意識して、家族や友人、地域とのつながりを築き、維持していくことが大切であり、長い目で見れば有効な介護予防、自殺予防につながるのです。そのことを、健康寿命日本一の山梨県の高齢者を見ていると、つくづく実感できます。

山梨県では、高齢者の集う場を活用して、保健師さんたちが「よろず相談」を受けたりするなかから、早期のうつ症状などを発見して受療に結びつけるなど、うつ・自殺予防を意識した取り組みも行われています。このように、専門家がいち早く気づいた場合には、精神科医や地元の医療機関、行政機関などと連携して、問題解決に結びつけやすくなります。

ところが、地域のなかでひっそりと暮らしている高齢者となると、「そういえば様子が普段と違っていた」「最近ふさぎ込みがちだった」「いつもより言葉数が少なかった」「元気がないようだった」「寂しいといっていた」などと、お年寄りの発する何気ない言葉や変化に最初に気づくのは、ご近所さんや民生委員という場合もあります。そうした場合に、行政の相談窓口や受療機会に結びつけていくためには、地域住民と専門家や行政との連携（ネットワーク）がとても大切になってきます。

近年、地域社会のあり方についての議論が高まっていますが、地域住民同士の結びつきが緊密で、信頼関係の強いことを「ソーシャル・キャピタル（社会的資源）」という概念でとらえて、街のコミュニティづくりや健康づくりを考えていく際に注目されるようになっています。

これは何も健康維持の観点からだけではなく、防犯や災害対策など地域の安全や安心にも結びつくことから、住民同士や住民と行政、地域団体など、さまざまな人や組織のネットワークが大切だということを、再認識させてくれます。

今後、わが国では、人口の高齢化がますます進行し、一人暮らしを余儀なくされた高齢者の数もどんどん増加していきます。高齢者の孤立化や孤独化を防ぎ、最終的に自殺予防につなげていく視点からも、ソーシャル・キャピタルの重要性はますます大きくなっていくと考えられます。

おわりに――地域住民が中心となった自殺予防対策を

私自身は一九五五年、つまり昭和三〇年の生まれです。年齢的には五〇歳代後半の、自殺リスクが高い年齢層の真《ま》っ只中《ただなか》に当たります。

一方で、一九九八年に始まった戦後最大の第三自殺流行期における世代分析の結果からは、かつての自殺流行期の主役であった一九三五～一九四〇年生まれ前後の世代は影を潜め、代わって昭和三〇年代生まれ以降の世代において、自殺リスクが上昇に転じていることが明らかになりました。私はまさに、その転換点に当たる世代といえるのです。

現在の、そして近い将来の日本社会を支えていく働き盛りの世代で、自殺リスクが増大していることは看過できない重要な問題だといえるでしょう。

それは今後、団塊の世代が老年期を迎えることで懸念される高齢者の自殺増加にも増して、大きな問題だと考えています。

そして近年、図らずも研究テーマの一つとして自殺問題と向き合うことになりました。予防医学を専門とする立場からは、戦後最大の大流行の抑止に役立つ研究ができないものかと考えるようになり、自殺の危機要因の追究とは異なる視点から、自殺リスクの高い集団の特性を追究する研究などを手がけてきました。

自殺に対する予防対策のなかでも、うつ病など特定の危機要因を踏まえて、主にリスクの高い個人に対して予防を働きかける手法を、「ハイリスク・アプローチ」といいます。一方、社会のなかに潜在するリスクを想定して、集団を対象として広く働きかけを行うことで予防効果を期待する手法を、「ポピュレーション・アプローチ」と呼びます。

自殺の予防対策においては、どちらのアプローチも大切なのですが、そのためにはまず自殺の実態をしっかりととらえて、自殺に結びつく危機要因を明らかにしておく必要があります。

また、本書で追究してきたように、ハイリスクな年齢や世代を明らかにしておくことや、地域における自殺の特徴を分析しておくことは、実効性のある自殺対策を講じていくためにも重要なことだと考えています。

自殺は個人の問題であるという、昔ながらの日本の考え方に影響されているのだと思いますが、これまで自殺を地域の保健課題として位置づけ、予防や対策に真剣に向き合ってきた自治体はほとんどありませんでした。そんな状況のなか、自殺対策基本法が施行されたことで、これまで目を背《そむ》けていた自殺の問題に対して行政が取り組みを始めたことは、画期的な一歩でした。

ところで以前、ある自治体からの依頼を受けて、自殺予防対策に関する会合に出席し、講演させていただく機会がありました。いわゆる自殺名所を抱える自治体でしたから、てっきり自殺企図《きと》を目的に訪れた人に向けての、水際の対策について話し合うのかと思っていたのです。

ところが会場では、地元の医療関係者をはじめ、保健師、警察関係者、学校関係者、地域代表者など、多くの関係者が一堂に会して、「自分たちでできる町の自殺対策」について話し合われたのです。その内容は主に、独居高齢者と働き盛りの中年男性を対象とした自殺対策についてでした。

現状で行われている自殺対策や今後の取り組みのアイデアも含めて、白熱した議論が展開されました。また自殺予防への効果が期待できる活動について、ハイリスク・アプローチとポピュレーション・アプローチに分けて、専門家などが行う高度な対策から、ボランティアなどが行う一般的な地域活動までを、一枚の模造紙の上で整理しながらグループワークを展開しました。

自殺にかかわる専門家や住民など多様な代表者が一緒になって、自分たちが暮らす地域の自殺対策を真剣に議論する様子を見て、自殺対策基本法が施行される以前と比べて隔世《かくせい》の感を禁じ得ませんでした。こうした取り組みが、今では日本中の多くの市町村で行われている、そんな時代になったのです。

保健活動も医療と同じように、エビデンス（科学的根拠）が求められる時代になっています。もちろん実態を把握、分析し、対策を講ずることも大事なのですが、こと自殺に関していえば、情報が不足しているという欠点があります。

しかし危機要因の連鎖過程における、さまざまな段階での対策が可能であることなどを考えると、手のつけられるところから考え得る手立てを講じて、そして効果を検証していくべきでしょう。

現在は、そうした取り組みを推進する段階だと思っています。そのためには、地域住民や行政、ボランティア団体など多くの人々を巻き込んだかたちで、自殺予防への意識を高めていくことが大切ではないかと思います。

本書では、専門的な分析結果などを交えながら、わが国が直面している深刻な自殺の現状について紹介させていただきました。一般読者の方々にも十分に理解していただけるように、できる限り専門用語の使用を避けて、簡単な解説を心がけたつもりです。

二〇一一年三月一一日、東日本大震災が起こりました。地震や大津波によって、さらには福島第一原子力発電所の事故による放射能汚染によって、東北地方を中心にわが国は甚大《じんだい》な被害を受けました。

七月に発表された警察庁の速報値からは、二〇一一年の自殺者数は一月から三月までは前年を下回っていましたが、震災後の四月は前年同月比を見ると四・二パーセント増加、五月には一九・七パーセント増加、そして六月には七・八パーセント増加と急増していることが明らかになりました。

すべての自殺者が震災の影響を受けているとはいえませんが、身内を失い、生活基盤を失った深い心の傷や生活環境の激変によるストレスが、被災者を自殺に向かわせている可能性は大いに考えられます。

被災者の生活支援に加えてメンタルヘルスに対しても、政府には全力を挙げて対応してもらいたいと思います。

漠然とした大きな不安を抱えながらも、ここでいったん筆を置くことにします。

最後に、本書の執筆にあたり、各分野の専門の先生方より貴重なご助言をいただき、また論文、資料などを引用させていただきました。厚く御礼申し上げます。また、企画段階から執筆中も、終始、励ましと助言をいただきました講談社の間渕隆《まぶちたかし》氏とスタジオ・ジップの仲《なか》広明《ひろあき》氏に、感謝申し上げたいと思います。

二〇一一年九月

小田切陽一《おだぎりよういち》

主要参考文献

『平成22年中における自殺の概要資料』　警察庁生活安全局生活安全企画課　二〇一一年
『平成22年人口動態統計月報年計（概数）の概況』　厚生労働省　二〇一一年
『自殺に関する心理社会的要因の把握方法に関する研究：自殺問題に関する地域住民調査』
清水新二ほか　平成15年度厚生労働科学研究費補助金（こころの健康科学研究事業）分担研究報告書　二〇〇四年
『平成22年中の30日以内交通事故死者の状況』　警察庁交通局　二〇一一年
『人口推計　平成23年5月報』　総務省統計局　二〇一一年
『自殺企図の実態と予防介入に関する研究』　保坂隆ほか　平成16－18年度厚生労働科学研究費補助金（こころの健康科学研究事業）総括研究報告書　二〇〇七年
『平成22年版　救急・救助の現況（報道資料）』　総務省消防庁　二〇一〇年
『平成21、22、23年版　自殺対策白書』　内閣府　二〇〇九、二〇一〇、二〇一一年

『自殺対策に関する意識調査』　内閣府自殺対策推進室　二〇〇九年
『The global burden of disease: 2004 update』　WHO　二〇〇八年
『自殺による社会・経済へのマクロ的な影響調査Ⅱ』　金子能宏ほか　国立社会保障・人口問題研究所研究報告書　二〇一〇年
『日本と世界・同じ？違う？自殺』　毎日新聞　二〇〇四年一〇月二日
『世界主要国価値観データブック』　電通総研、日本リサーチセンター編　同友館　二〇〇八年
『疫学辞典　第5版』　日本公衆衛生協会　二〇一〇年
『自殺予防　メディア関係者のための手引き（日本語版第2版）』　WHO／河西千秋、平安良雄（監訳）　二〇〇七年
『ロストジェネレーション―さまよう2000万人』　朝日新聞「ロストジェネレーション」取材班　朝日新聞社　二〇〇七年
『学校基本調査』　文部科学省
『若者の社会的孤立について～公平な人生のスタートラインをつくる～』　土堤内昭雄　ニッセイ基礎研レポート　二〇一〇年七月号
『第7回21世紀成年者縦断調査』　厚生労働省　二〇一〇年

『「婚活」時代』 山田昌弘、白河桃子 ディスカヴァー携書 二〇〇八年
『自殺対策のための自殺死亡の地域統計 1973-2009』 藤田利治ほか 自殺予防総合対策センターホームページ
『わが国における自殺の現状と課題』 川上憲人 J. Natl. Inst. Public Health 二〇〇三年
『山梨県の自殺率と人口・世帯、産業・経済および医療・福祉要因に関する生態学的研究』 小田切陽一ほか 山梨県立大学看護学部紀要 二〇一〇年
『自殺実態白書2008 第二章 自殺の地域特性』 ライフリンク自殺実態解析プロジェクトチーム 二〇〇八年
『寒冷期の日照変動と自殺の季節変動量』 江頭和道ほか 日本生気象学会雑誌 一九九〇年
『季節性感情障害―季節性うつ病を中心として』 佐々木三男 日本医師会雑誌 一九九一年
『山梨県における自殺の概況（平成22年中）』 山梨県警察本部
『自殺対策ホームページ』 内閣府
『Age-Period-Cohort 分析による都道府県別自殺動向の世代特徴の解明』 小田切陽一ほか 文部科学省科学研究費補助金研究成果報告書・基盤研究C 二〇〇九年
『岩手県高度救急救命センターにおける自殺企図者の実態調査：性差に関する検討を中心に』 酒井明夫 平成16年度厚生労働科学研究費補助金（こころの健康科学研究事業）「自殺

企図の実態と予防介入に関する研究」総括研究報告書　二〇〇五年
『自殺予防関連調査研究公開用ページ』
『自殺に関する研究の現状：海外』　織田進ほか　J. Natl. Inst. Public Health　二〇〇三年
『自殺――精神科医として何ができるか――「パーソナリティ障害と自殺および自殺関連行動との関連性」』　林直樹　精神科治療学　二〇一〇年
『心理学辞典』　有斐閣
『日本人70万人の健診データからみる性差』　大櫛陽一ほか　治療学　二〇〇五年
『自殺の経済社会的要因に関する調査研究報告書』　内閣府経済社会総合研究所　二〇〇六年
『高齢者の自立率と当該世代の過去の生活行動に関する生態学的研究』　橋本満知子ほか　第69回日本公衆衛生学会　二〇一〇年
『中高年のこころの危機』　齋藤高雅　大分看護科学研究　二〇〇一年
『労働者健康状況調査結果の概況（平成19年）』　厚生労働省　二〇〇八年
『自殺実態白書２００８　第一章　自殺の危機経路』　ライフリンク自殺実態解析プロジェクトチーム　二〇〇八年
『遺書の有無による自殺者の特徴の違い』　桑原秀樹　新潟大学医学部博士論文第１７０６号　二〇〇七年

『長野県における平成19年の自殺者の傾向について』 小泉典章ほか 信州公衆衛生雑誌 二〇〇九年
『山梨県内の企業労働者における社会的スキルと職業性ストレスの関係について』 小田切陽一ほか 労働者健康福祉機構 山梨産業保健推進センター 二〇〇六年
『中小企業労働者のうつスクリーニングの結果と職業性ストレスとの関連』 小田切陽一ほか 第84回日本産業衛生学会総会 二〇一一年
『地域におけるうつ対策検討会報告書』 厚生労働省 二〇〇四年
『遺児母子家庭緊急アンケート調査』 あしなが育英会 二〇〇八年二月
『山梨県健康寿命実態調査報告書』 山梨県 二〇〇四年
『ソーシャル・キャピタルと健康』 イチロー・カワチほか 日本評論社 二〇〇八年

小田切陽一

1955年、東京都に生まれる。医学博士。山梨県立大学理事、山梨県立大学大学院看護学研究科教授(地域看護学)。1982年、東京農工大学大学院修了。埼玉医科大学医学部助教授などを歴任。専門は公衆衛生学。自殺をはじめ、健康寿命、少子化など、地域の保健課題の分析に取り組んでいる。

著書には『生活健康科学』(三共出版、共著)などがある。

講談社+α《プラスアルファ》新書 574-1 A

昭和《しょうわ》30〜40年代《ねんだい》生《う》まれはなぜ自殺《じさつ》に向《む》かうのか

小田切陽一《おだぎりよういち》

2011年9月20日第1刷発行

発行者——— 鈴木 哲

発行所——— 株式会社 講談社
東京都文京区音羽2-12-21 〒112-8001
電話 出版部(03)5395-3532
販売部(03)5395-5817
業務部(03)5395-3615

カバー写真——— Getty Images

デザイン——— 鈴木成一デザイン室

本文組版——— 朝日メディアインターナショナル株式会社

カバー印刷——— 共同印刷株式会社

印刷——— 慶昌堂印刷株式会社

製本——— 牧製本印刷株式会社

定価はカバーに表示してあります。

落丁本・乱丁本は購入書店名を明記のうえ、小社業務部あてにお送りください。

送料は小社負担にてお取り替えします。

なお、この本の内容についてのお問い合わせは生活文化第三出版部あてにお願いいたします。

Printed in Japan
ISBN978-4-06-272733-4